Christian Teubner
Einmachen

So schmeckt's noch besser...

Christian Teubner

Einmachen

Das neue Bildkochbuch – jedes Rezept mit Farbfoto

Gräfe und Unzer

Inhalt

Inhalt

Ein Wort zuvor

Dieses neue farbige Bildkochbuch verhilft Ihnen auf vergnügliche und unkomplizierte Weise zu köstlichen Vorräten. Die besten Rezepte, die ich kenne, habe ich für Sie ausgesucht, sei es Kompott, Marmelade, Saft oder Gelee, Gemüse, Pikant-Saures oder Hochprozentiges, dazu Würz-Spezialitäten, die jedes Feinschmeckerherz höher schlagen lassen. Alle diese raffinierten Köstlichkeiten sind im Farbfoto zu sehen. Grundsätzliches wird in Schritt-für-Schritt-Fotos genau erklärt. Und wer darüber hinaus noch Ideen sucht, der findet sie in den zahlreichen Varianten.

Die Frage, ob »Einmachen« ein zeitgemäßes Thema ist, kann man aus voller Überzeugung mit »ja« beantworten. Einmal ist Vorratshaltung auch heute aus mancherlei Gründen sinnvoll, und andererseits ist die Kunst, die Jahreszeiten zu überlisten, ein wesentlicher Bestandteil der Kochkunst. Konservieren ist oft sogar eine unentbehrliche Hilfe bei der Kreation neuer Spezialitäten, denn die verschiedenen Methoden der Haltbarmachung verändern die Produkte in Geschmack und Struktur. Ausgenommen ist hier das Tiefgefrieren, das die Lebensmittel weitgehend in ihrer ursprünglichen Form erhält. Darüber hinaus sind die meisten Konserven auch Mischungen aus verschiedenen Produkten, bei denen man den Originalcharakter oft gar nicht erhalten kann oder will. Nehmen wir zum Beispiel Kirschen, die, in Zuckerlösung eingemacht, zu Kompott werden oder, zerkleinert und mit Zucker gekocht, eine feine Konfitüre ergeben. Werden sie gar mit anderen Früchten oder Gewürzen gemischt, dann ist etwas ganz Neues entstanden, das durchaus eine Veredelung sein kann und vielleicht höher eingeschätzt wird als das Rohprodukt, die frischen Kirschen.

Gründe zum Einmachen finden wir also hinreichend, wenn es auch in einer Zeit, die von den Jahreszeiten vollkommen unabhängig scheint, gar nicht danach aussieht. Wirtschaftlichkeit ist ein Argument; man kann die günstigsten Angebote im Jahr oder die Ernte im eigenen Garten nützen. Diese Rechnung geht selbst dann auf, wenn man die eigene Arbeitskraft berücksichtigt. Aber Wirtschaftlichkeit allein böte sicher nicht genügend Anreiz. Die Qualität ist es, die wir beeinflussen können, wenn wir konsequent die reifsten Früchte zur besten Jahreszeit kaufen oder die natürlichen, möglichst ohne Kunstdünger und Spritzmittel gewachsenen Erzeugnisse aus dem eigenen Garten verarbeiten – mit Zutaten, die wir selbst bestimmen. Die Möglichkeit, mit gutem Obst oder Gemüse Vorräte zu schaffen und damit den Küchenzettel qualitativ zu verbessern, ist wohl der interessanteste Aspekt fürs selber Einmachen.

»Hausgemachtes«, ob Konfitüren oder Eingekochtes, in Essig oder Alkohol Eingelegtes, ist heute fast zu einem Symbol für eine bestimmte »nostalgische« Lebensart geworden. Die liebevoll beschrifteten Marmeladengläser machen uns nicht nur selbst beim Frühstück Freude, sie sind auch eine ganz individuelle Aufmerksamkeit für Freunde, die noch Spaß an den einfachen Dingen haben oder die wir mit besonderen Raffinessen überraschen möchten.

Das zunehmende Angebot an exotischen Früchten und Gemüsen setzt unserer Phantasie fast keine Grenzen, und gerade die Kombination unserer heimischen Produkte mit den »Exoten« bringt oft ganz neue Delikatessen hervor: Kreationen, die man garantiert noch nirgendwo kaufen kann. Sicher, die meisten dieser Neuigkeiten auf dem Obst- und Gemüsemarkt sind noch relativ teuer, aber solche Einmach-Experimente kann man ja in kleinen Mengen realisieren.

Nun denke ich, daß diese vielen Vorzüge Sie vom Einmachen überzeugt haben und Sie mit Eifer ans Werk gehen. Wenn Sie dann das Gelungene genießen, werden Sie mir zustimmen: »So schmeckt's noch besser . . .«.

Ihr
Christian Teubner

Einmachtechnik kurzgefaßt

Wenn wir von Eingemachtem sprechen, so denken wir zunächst an eingekochtes Obst oder Gemüse sowie an Marmelade, Konfitüre und Gelee. Was grundsätzlich dazu wichtig ist, finden Sie im folgenden und auf Seite 9.
Unsere eingemachten Delikatessen sollen aber noch vieles mehr bieten. Wir können feine Fruchtsäfte herstellen – wie man das macht, lesen Sie auf Seite 51 –, auch als Grundlage für die Gelees. Wir können Früchte in Alkohol konservieren. Beim Rumtopf (auf Seite 74), dem bekanntesten Vertreter dieser Methode, finden Sie Näheres. Auch individuelle Würzzutaten gelten als geschätzter Vorrat für jede gute Küche. Daher zeige ich Ihnen auf Seite 78, wie Sie Öl und Essig nach Ihrem persönlichen Geschmack verfeinern können. Und auf Seite 80 steht alles Wissenswerte über das Trocknen von Kräutern und Pilzen. Würzende Zutaten und Beigaben von Ketchup bis Cumberland-Sauce vervollständigen im letzten Kapitel Ihre Auswahl an Eingemachtem.
Grundvoraussetzung für alle Einmachmethoden: Nur vollkommen einwandfreie Produkte verwenden, kein Obst oder Gemüse mit Druck- oder Faulstellen; dann haben Sie garantiert ein gutes Ergebnis.

Das Einkochen von Obst und Gemüse

Einkochen bedeutet Konservieren durch Hitze; die Fäulnisbakterien des Einmachgutes werden dadurch abgetötet und ein Vakuum (in den Gläsern oder Flaschen) verhindert das Eindringen neuer Keime. Die mehr oder minder lange Haltbarkeit wird so garantiert. Die verschiedenen Obst- und Gemüsesorten verlangen beim Sterilisieren unterschiedliche Temperaturen und Einkochzeiten, denn diese sind zum Beispiel abhängig vom Säuregehalt der Produkte. Je saurer das Einmachgut ist, desto schneller werden die Bakterien zerstört. Ab einer gewissen Säurekonzentration – beim Einlegen in Essig (siehe Seite 62–68 und 82) kann auf das Sterilisieren durch Hitze verzichtet werden. Die in den Rezepten angegebenen Einkochzeiten und Temperaturen sollten also auf keinen Fall unterschritten werden, weil sie auf die jeweilige Zusammensetzung abgestimmt sind.
Mit welchen Geräten eingekocht/sterilisiert wird, ist für ein gutes Ergebnis unbedeutend. Man kann die Gläser oder Flaschen in einem einfachen hohen Kochtopf im Wasserbad einkochen, aber auch im Schnellkochtopf, im Backofen oder im altbewährten Einkochtopf. Die Rezepte dieses Buches basieren auf der letztgenannten, nach meiner Meinung sichersten Methode; sicher vor allem deshalb, weil die Temperatur problemlos mit Thermometer oder eingebautem Thermostat kontrolliert werden kann.

Marmelade, Konfitüre, Gelee

Beim Marmeladekochen verzichtet man heute kaum noch auf Geliermittel – es geht schneller und problemloser. Neben der kurzen Garzeit garantiert diese Zubereitung frisches Fruchtaroma und Haltbarkeit. Eine Konfitüre ist aber auch mit Geliermittel nur gut haltbar, wenn das Verhältnis von Zucker- zu Fruchtanteil stimmt. Sie muß zu 65% aus Zucker bestehen, das heißt, im Durchschnitt werden 50% Zucker zugesetzt, die restlichen 15% bringen die Früchte als eigenen Zuckeranteil mit.
Will man auf Geliermittel verzichten, muß die Marmelade (die Konfitüre, das Gelee) mit Zucker so lange gekocht werden, bis sie von selbst geliert. Die Kochzeit ist vom Wasser- und Zuckergehalt der Fruchtsorten abhängig und diese wiederum von den Erntebedingungen. Da hilft nur die klassische »Gelierprobe« (siehe Seite 46).
Die auf Frucht-Pektin-Basis hergestellten Geliermittel sind ebenfalls von der Fruchtsäure abhängig. Deshalb muß beim flüssigen Geliermittel die den meisten Obstsorten fehlende Säure durch Zitronensäure ergänzt werden. Beim Gelierzucker hat man es bequemer, denn die Säure ist bereits beigemischt und wird in der Flüssigkeit aktiv.
Die genauen Angaben zu den einzelnen Methoden finden Sie beim jeweiligen Rezept.

10 Einkoch-Grundregeln

Das Rezept »Birnen in Rotwein« soll als Beispiel für das Einkochen/Sterilisieren überhaupt am Anfang stehen, denn die folgenden Grundregeln gelten auch für alle übrigen Einkochrezepte.

- Nur bestes Obst oder Gemüse ist zum Einkochen geeignet. Es soll so frisch wie möglich verarbeitet werden.
- Alle Geräte, vom Kochtopf bis zum Rührlöffel, müssen absolut sauber und unbeschädigt sein. Im Idealfall die Geräte ausschließlich zum Einkochen verwenden.
- Nur unbeschädigte Gläser (ohne ausgesplitterte Ränder) und Gummiringe (ohne Risse) verwenden. Gläser und Ringe so kurz wie möglich in Wasser auskochen. Die Gläser, auf ein Tuch gestülpt, ablaufen lassen.
- Wird heißes Einkochgut eingefüllt, die Gläser auf ein feuchtes Tuch stellen. Darauf achten, daß die Glasränder sauber bleiben (Spezialtrichter verwenden).
- Nur die neuen Rundrandgläser können bis zum Rand gefüllt werden. Bei den bisher üblichen Gläsern mit dem flachen Rand sollte das Füllgut nur bis 2 cm unter den Rand reichen. Breiiges Einkochgut wie zum Beispiel Apfelmus sollte nur ¾ hoch eingefüllt werden.
- Wenn nötig, die Glasränder säubern und die nassen Gummiringe auflegen. Die Glasdeckel darauflegen und die Gläser mit Klammern oder Metallbügel verschließen.
- Die Einkochgläser auf eine Drahtunterlage in den Einkochtopf stellen (wenn nötig, auch stapeln) und so viel Wasser einfüllen, daß sie bis zu etwa ¾ ihrer Höhe darin stehen. Werden verschieden hohe Gläser verwendet oder Gläser gestapelt, so richtet sich der Wasserspiegel jeweils nach dem höchsten beziehungsweise obersten Glas.
- Die Temperatur des Wasserbades sollte immer mit der des Füllgutes identisch sein.
- Das Thermometer einsetzen. Die Einkochzeit beginnt, wenn das Thermometer den im Rezept angegebenen Hitzegrad erreicht hat.
- Nach Ablauf der Einkochzeit die Gläser herausnehmen (weil der Inhalt sonst weitergaren würde) und mit den Klammern oder Metallbügeln erkalten lassen. Diese dann entfernen. Die Gläser am Deckel anfassen und etwas anheben, um sicherzugehen, daß sie auch richtig verschlossen sind. (Sollte ein Glas nicht zu sein, muß der Inhalt gleich gegessen werden.)

Birnen in Rotwein

Zutaten für 12 Gläser
(je ½ l Inhalt):
4 kg Birnen
1½ l leichter Rotwein,
zum Beispiel Beaujolais
500 g Zucker
1 Zimtstange · 2 Nelken
Schale von 1 Zitrone
(Schale unbehandelt)

Zubereitungszeit: 1 Stunde und 30 Minuten
Zeit zum Durchziehen: über Nacht
Einkochzeit: 25 Minuten

Bild 1: Die Birnen schälen, halbieren und das Kernhaus herausstechen. Die Birnenhälften sofort in den Rotwein legen.

Bild 2: Den Zucker zugeben. Die Gewürze in einen Leinenbeutel (oder noch besser einen Teebeutel aus Papier) füllen, zubinden und mit den Birnen 5–6 Minuten kochen. Über Nacht durchziehen lassen.

Bild 3: Die Birnen in die vorbereiteten Gläser schichten, so daß möglichst wenig Zwischenraum bleibt. Die Flüssigkeit (ohne Gewürze) bei offenem Topf etwa auf die Hälfte einkochen (reduzieren).

Bild 4: Den heißen, reduzierten Weinsud über die Birnen gießen.

Bild 5: Die Gläser mit Gummiring, Glasdeckel und Klammern verschließen. Die Birnen bei 90 °C 25 Minuten einkochen.

Bild 6: Nach Ablauf der Einkochzeit die Gläser (mit einem Glasheber wie auf dem Farbfoto ist es besonders problemlos) herausnehmen, damit sie nicht nachkochen.

Kompott von roten Johannisbeeren

Im Bild vorne

Das Kompott ist ein feines Dessert, süß, aber mit einer säuerlichherben Note. Deshalb schmeckt es auch zu Wildgerichten und heiß auf Vanille- oder Schokoladeneis.

Zutaten für 7–8 Gläser
(je ½ l Inhalt):
3 kg reife rote Johannisbeeren
1 Stück Zimtstange
2 Nelken
40 g frischer Ingwer
Schale von 1 Zitrone
(Schale unbehandelt)
650 g Zucker
½ l Wasser

Zubereitungszeit: 1 Stunde
Einkochzeit: 30 Minuten

Die Johannisbeeren waschen und gut abtropfen lassen. Die Beeren mit einer Gabel von den Stielen streifen, in vorbereitete Gläser füllen und schütteln, damit sie gut gefüllt sind und wenig Zwischenraum bleibt. Die Zimtstange und die Nelken in einen Mullbeutel oder Teebeutel füllen. Die Ingwerwurzel schälen und in dünne Scheibchen schneiden. Die Zitrone (auch wenn sie unbehandelt ist) unter fließendem heißem Wasser abbürsten und die Schale mit einem scharfen Messer hauchdünn abschneiden. Den Zucker mit dem Wasser und den Gewürzen aufkochen. Etwas abkühlen lassen und den Mullbeutel mit Zimt und Nelken herausnehmen. Die Zuckerlösung mit dem Ingwer und der Zitronenschale über die Johannisbeeren gießen. Die Gläser vorschriftsmäßig schließen und das Kompott 30 Minuten bei 80 °C einkochen.

Kompott von weißen Johannisbeeren

Im Bild hinten rechts

Zutaten für 5–6 Gläser
(je ½ l Inhalt):
2 kg reife weiße Johannisbeeren
500 g Zucker

Zubereitungszeit: 45 Minuten
Einkochzeit: 30 Minuten

Im Gegensatz zum vorhergehenden Rezept werden die gewaschenen und abgezupften Johannisbeeren in einer Schüssel mit dem Zucker vermischt und dann in vorbereitete Gläser gefüllt. Kräftig rütteln, damit möglichst wenig Zwischenraum bleibt. Die Gläser vorschriftsmäßig verschließen. Das Kompott bei 90 °C etwa 30 Minuten einkochen.

Variante: Kompott von schwarzen Johannisbeeren

Sie brauchen für 2 kg reife schwarze Johannisbeeren 600 g Zucker. Die Zubereitung und die Einkochzeit sind identisch mit dem vorangegangenen Rezept für weiße Johannisbeeren.
Die Menge ergibt 5–6 Gläser (je ½ l Inhalt).

Stachelbeerkompott

Im Bild hinten links

Zutaten für etwa 3 Gläser
(je 1 l Inhalt):
3 kg halbreife Stachelbeeren
750 g Zucker
1 l Wasser

Zubereitungszeit: 1 Stunde und 30 Minuten
Einkochzeit: 30 Minuten

Stiel und Blütenansatz der Stachelbeeren abzupfen. Die Beeren waschen, gut abtrocknen lassen und mit einem Holzzahnstocher einige Male einstechen. Möglichst dicht in vorbereitete Gläser schichten. Den Zucker mit dem Wasser aufkochen und die Lösung über die Stachelbeeren gießen. Die Gläser vorschriftsmäßig verschließen und das Kompott bei 80 °C 30 Minuten einkochen.

33

Erdbeerkompott mit Ingwer

Im Bild links

Zum Einkochen muß man an die Qualität der Erdbeeren höchste Ansprüche stellen. Sie sollen schön reif, aber keinesfalls weich sein und schon gar nicht irgendwelche Flecken oder Druckstellen aufweisen. Außerdem sollten die Früchte gleichmäßig groß sein.

Zutaten für etwa 4 Gläser (je 1 l Inhalt):
3500 g reife, feste Erdbeeren
600 g Zucker
1 l Wasser
40 g frischer Ingwer

Zubereitungszeit: 1 Stunde und 10 Minuten
Einkochzeit: 20 Minuten

Die Erdbeeren nur, wenn unbedingt nötig, waschen. Die Stiele und Kelchblätter möglichst aus den Früchten herausdrehen, damit die Beeren nicht verletzt werden und dann beim Einkochen zerfallen. Die Früchte in vorbereitete Gläser schichten und rütteln, damit möglichst wenig Zwischenraum bleibt. Den Zucker mit dem Wasser und dem in hauchdünne Scheiben geschnittenen Ingwer aufkochen und heiß über die Früchte gießen. Wenn die Flüssigkeit nicht ausreicht, etwas Zuckerlösung gleicher Stärke (oder auch nur Wasser, wenn nicht sehr viel fehlt) nachgießen. Die Gläser vorschriftsmäßig verschließen und das Kompott bei 80 °C 20 Minuten einkochen.

Himbeerkompott

Im Bild rechts

Himbeeren sind fast so empfindlich wie Erdbeeren. Nur feste, aber dennoch reife Früchte verwenden – nach Möglichkeit frisch gepflückt –, die nicht gewaschen werden müssen.

Zutaten für etwa 4 Gläser (je ½ l Inhalt):
2 kg frische, reife Himbeeren
⅛ l Kirschsaft
⅜ l Wasser
350 g Zucker

Zubereitungszeit: 30 Minuten
Einkochzeit: 30 Minuten

Die Himbeeren sehr sorgfältig aussuchen, weiche oder gar angefaulte Früchte aussondern. Die Beeren in vorbereitete Gläser schichten. Den Kirschsaft mit dem Wasser und dem Zucker einmal aufkochen und noch heiß über die Himbeeren gießen. Wenn nötig, mit Zuckerlösung von etwa gleicher Stärke oder mit Wasser auffüllen. Die Gläser vorschriftsmäßig verschließen. Das Kompott bei 80 °C 30 Minuten einkochen.

Variante: Heidelbeerkompott

2 kg Heidelbeeren möglichst nicht waschen, aber sehr gut nach Blättchen und grünen oder angefaulten Beeren aussuchen. Mit 250 g Zucker und ½ l Wasser nach den gleichen Regeln wie die Himbeeren weiterverarbeiten und bei 80 °C ebenfalls 30 Minuten lang einkochen.
Die Menge ergibt etwa 4 Gläser (je ½ l Inhalt).

Eingekochte Aprikosen

Im Bild hinten und rechts

Aprikosen sind die Einkoch-Favoriten. Sie behalten nicht nur Form und Farbe, sondern schmecken – richtig verarbeitet – auch eingekocht ganz besonders gut, gleichgültig, ob man die Früchte als Kompott genießt oder zum Belegen von Kuchen verwendet. Aber man sollte sich die Mühe machen, vorher die Haut abzuziehen, denn sie stört den Genuß doch erheblich. Aprikosen können als ganze Früchte oder auch entsteint und halbiert eingekocht werden. Nur reife und dennoch feste Früchte (ohne Flecken) eignen sich dafür.

Zutaten für 4–5 Gläser
(je 1 l Inhalt):
4 kg Aprikosen
600 g Zucker
1 Zimtstange oder die
Schale von 1 Zitrone
(Schale unbehandelt)

Zubereitungszeit: 1 Stunde und 30 Minuten
Zeit zum Durchziehen: über Nacht
Einkochzeit: 30 Minuten

Die Aprikosen kurz in kochendes Wasser tauchen, die Haut mit einem Obstmesser abziehen, die Früchte entlang der natürlichen Nahtstelle halbieren und den Stein entfernen. Die Aprikosenhälften in einer Schüssel mit dem Zucker bestreuen und über Nacht an einem kühlen Platz durchziehen lassen.
Die Früchte mit der Rundung nach außen in vorbereitete Gläser einschichten. In jedes Glas je nach Geschmack ein Stück Zimtstange oder dünn abgeschnittene Zitronenschale geben und mit Wasser auffüllen. Die Gläser vorschriftsmäßig verschließen und die Aprikosen bei 80 °C 30 Minuten einkochen.

Aprikosen mit Mandeln

Bild auf der Einband-Vorderseite

Aprikosen und Mandeln ergänzen sich ganz hervorragend, denn die Mandeln steigern den Eigengeschmack der Aprikosen. Dem vorangegangenen Rezept setzt man 50 g abgezogene süße Mandeln zu oder man verwendet statt dessen etwa 10–12 Aprikosenkerne. Sie haben einen noch kräftigeren Geschmack. Dafür die Aprikosensteine mit einem Hammer aufschlagen und von den Kernen die Haut abziehen.

Variante: Pfirsichkompott

Nach der gleichen Methode wie für Aprikosen und mit den gleichen Zutatenmengen können auch Pfirsiche eingekocht werden. Auch hier nur einwandfreie, reife Früchte verwenden.

Pfirsich-Preiselbeer-Kompott

Im Bild vorne

Pfirsiche und Preiselbeeren lassen sich besonders gut kombinieren.

Zutaten für 4–5 Gläser
(je 1 l Inhalt):
3 kg reife Pfirsiche
1 kg Preiselbeeren
500 g Zucker
¾ l Wasser
¼ Flasche flüssiges
Geliermittel

Zubereitungszeit: 1 Stunde und 20 Minuten
Einkochzeit: 25 Minuten

Nur makellose Pfirsiche eignen sich zum Einkochen. Die Früchte blanchieren, von der Haut befreien, halbieren und den Stein entfernen. Pfirsiche, die sich schlecht vom Stein lösen, kann man auch ganz verwenden. Die Preiselbeeren verlesen, wenn nötig, waschen und gut abtropfen lassen. Den Zucker mit dem Wasser aufkochen, damit sich der Zucker auflöst. Das Geliermittel zugießen. Die Früchte in vorbereitete Gläser schichten, mit der Zuckerlösung übergießen, wenn nötig, mit Wasser auffüllen. Die Gläser vorschriftsmäßig verschließen und das Kompott bei 80 °C 25 Minuten einkochen.

Eingekochte Süßkirschen

Im Bild rechts

Die roten Knorpelkirschen mit ihrem festen Fleisch taugen besonders zum Einkochen, weil sie, selbst wenn man sie entsteint, noch schön ihre Form behalten.

Zutaten für etwa 3 Gläser
(je 1 l Inhalt):
3 kg Kirschen, am besten
rote Knorpelkirschen
1 l Wasser
250 g Zucker
Saft von 1 Zitrone
1 Zimtstange

Zubereitungszeit: 1 Stunde und 30 Minuten
Einkochzeit: 30 Minuten

Die Kirschen gründlich waschen, gut abtrocknen und entstielen. Die Steine am besten mit einem »Kirschenentsteiner« entfernen (über einer Schüssel, damit kein Saft verlorengeht) und die Früchte dann in vorbereitete Gläser füllen. Das Wasser mit dem Zucker aufkochen, bis der Zucker vollständig gelöst ist. Den Zitronensaft und die Zimtstange mitkochen. Die Zimtstange wieder herausnehmen und die Flüssigkeit über die Kirschen gießen. Die Gläser vorschriftsmäßig verschließen. Die Kirschen bei 80 °C 30 Minuten einkochen.

Süß-saures Kirschkompott

Im Bild links

Zutaten für etwa 3 Gläser
(je 1 l Inhalt):
3 kg helle Knorpelkirschen
600 g Zucker
¼ l feiner Weinessig
½ l Wasser
2 Nelken
1 Zimtstange

Zubereitungszeit: 1 Stunde und 30 Minuten
Einkochzeit: 30 Minuten

Die Kirschen waschen, abtrocknen, entstielen und über einer Schüssel (damit kein Saft verlorengeht) entsteinen. Den Zucker mit dem Essig, dem Wasser, den Nelken und der Zimtstange einmal aufkochen lassen. Die Kirschen zugeben und nochmals aufkochen lassen. Die Kirschen abseihen und in vorbereitete Gläser füllen. Die Flüssigkeit darübergießen und die Gläser vorschriftsmäßig verschließen. Das Kompott bei 80 °C 30 Minuten einkochen.

Variante: Sauerkirschen als Kompott

Sie sind ein ideales Obst für vielerlei Gebäck, zum Beispiel für die Schwarzwälder Kirschtorte. Die dunklen Weichseln und die Amarellen eignen sich besonders gut zum Einkochen, weil sie ein sehr kräftiges Aroma haben und tiefrot sind.
4 kg Sauerkirschen (vollreife Früchte) sehr sorgfältig waschen und abtrocknen; dann erst entstielen und über einem großen Kochtopf entsteinen, damit der Saft nicht verlorengeht. 1 kg Zucker und ½ l Wasser dazuschütten. Alles gut mischen und auf dem Herd erwärmen, bis sich der Zukker vollständig aufgelöst hat. Die Kirschen mit dem Saft in die vorbereiteten Gläser füllen und vorschriftsmäßig verschließen. Bei 80 °C 25 Minuten einkochen.
Die Menge ergibt 7–8 Gläser (je ½ l Inhalt).

Mein Tip: Einkochgläser mit flachem Rand, wie sie bisher im Handel waren, dürfen nur bis etwa 2 cm unter dem Rand gefüllt werden.

Preiselbeerkompott mit Birnen

Im Bild links

Die Kombination dieser beiden Früchte ergibt ein sehr pikantes, kräftig schmeckendes Kompott, das man sowohl als süßes Dessert (paßt ganz hervorragend zu Vanilleeis) wie auch zu Wildgerichten servieren kann.

Zutaten für 8–9 Gläser
(je ½ l Inhalt):
2 kg Preiselbeeren
2 kg Birnen, säuerliche,
feste Sorte
1 500 g Zucker
⅜ l Sauternes (süßer Weißwein)

Zubereitungszeit: 1 Stunde und 30 Minuten
Einkochzeit: 30 Minuten

Die Preiselbeeren sehr sorgfältig nach Blättern und grünen Früchten aussuchen und waschen. Abtropfen lassen und in einen entsprechend großen Topf geben. Die Birnen schälen, halbieren und das Kernhaus entfernen. Die Früchte in Spalten schneiden und zu den Beeren geben. Mit dem Zucker und dem Wein aufkochen und heiß in vorbereitete Gläser füllen. Die Gläser vorschriftsmäßig verschließen und das Kompott bei 80 °C 30 Minuten einkochen.

Variante: Preiselbeerkompott

2 kg sorgfältig verlesene und gewaschene, reife Preiselbeeren mit 650 g Zucker und ¼ l Wasser in einem entsprechend großen Topf zum Kochen bringen, einige Male aufwallen lassen und dann in die vorbereiteten Gläser füllen. Die Gläser vorschriftsmäßig verschließen und das Kompott bei 80 °C 30 Minuten einkochen.
Die Menge ergibt 4–5 Gläser (je ½ l Inhalt).

Mein Tip: Einkochgläser bis zum völligen Erkalten mit den Metallbügeln oder Klammern unter Verschluß halten. Dann erst die Klammern beziehungsweise Bügel entfernen und prüfen (am Deckel anfassen und hochheben), ob die Gläser korrekt verschlossen sind.

Brombeerkompott

Im Bild rechts

Wilde Brombeeren – vielleicht sogar selbst gesammelt – sind den kultivierten Sorten natürlich vorzuziehen. Sie haben ein wesentlich kräftigeres Aroma.

Zutaten für etwa 4 Gläser
(je ½ l Inhalt):
2 kg frische Brombeeren
⅛ l kräftiger Rotwein
⅜ l Wasser
350 g Zucker
Schale von 1 Zitrone
(Schale unbehandelt)

Zubereitungszeit: 35 Minuten
Einkochzeit: 30 Minuten

Die Brombeeren sorgfältig verlesen und weiche oder gar faule Früchte aussondern. Nur, wenn nötig, waschen und gut abtropfen lassen. Die Beeren in vorbereitete Gläser füllen. Den Wein, das Wasser und den Zucker mit der dünn abgeschnittenen Zitronenschale aufkochen, bis der Zucker geklärt (völlig aufgelöst) ist. Über die Brombeeren gießen. Die Gläser vorschriftsmäßig verschließen und das Kompott bei 80 °C 30 Minuten einkochen.

Pflaumen in Rotwein

Im Bild vorne

Verwenden Sie für dieses Rezept nur ausgereifte, späte Pflaumensorten. Die Früchte müssen tadellos sein, dürfen also keine faulen Stellen aufweisen.

Zutaten für etwa 3 Gläser (je 1 l Inhalt):
3 kg Pflaumen
450 g Zucker
1 Flasche vollmundiger Rotwein (0,7 l)
½ l Wasser
1 Zimtstange
1 Nelke

Zubereitungszeit: 1 Stunde und 40 Minuten
Einkochzeit: 30 Minuten

Die Pflaumen waschen, einzeln abtrocknen oder zumindest sehr gut ablaufen lassen. Die Früchte an einer Seite aufschneiden, entsteinen und in die vorbereiteten Gläser schichten. Den Zucker mit dem Rotwein, dem Wasser sowie den Gewürzen aufkochen und bei reduzierter Hitze weiterkochen, bis der Zucker vollständig gelöst ist. Abkühlen lassen. Die Gewürze herausnehmen und die Flüssigkeit über die Pflaumen gießen. Die Gummiringe auflegen und die Gläser mit Deckeln und Metallklammern verschließen. Das Kompott bei 90 °C 30 Minuten einkochen.

Eingekochte Mirabellen

Im Bild hinten links

Wie bei jedem Obst, das als ganze Frucht eingekocht wird und seine schöne Form behalten soll (zum Beispiel, wenn man damit Obsttorten belegen will), muß man auch bei Mirabellen darauf achten, nur einwandfreie Qualität zu verarbeiten. Sie sollten gleichmäßig groß sein und den richtigen Reifegrad haben: goldgelb, aber nicht zu weich.

Zutaten für 8–9 Gläser (je ½ l Inhalt):
3 kg Mirabellen
450 g Zucker
1 l Wasser

Zubereitungszeit: 40 Minuten
Einkochzeit: 30 Minuten

Von den Mirabellen die Stiele entfernen. Die Früchte waschen, sehr gut ablaufen lassen und erst, wenn sie absolut trocken sind, in die vorbereiteten Gläser schichten. Den Zucker mit dem Wasser aufkochen und bei reduzierter Hitze so lange kochen, bis der Zucker vollständig gelöst ist. Die Mirabellen mit der Zuckerlösung übergießen. Die Gläser mit Gummiring, Deckel und Klammer verschließen. Bei 90 °C 30 Minuten einkochen.

Variante: Reineclaudenkompott

Sie werden nach dem gleichen Rezept wie Mirabellen eingekocht, jedoch sollten sie noch sehr fest, also nicht ganz reif sein.

Gewürztes Mirabellenkompott

Im Bild hinten rechts

Zutaten für etwa 3 Gläser (je 1 l Inhalt):
3 kg Mirabellen
500 g Zucker
¼ l Weißwein
¼ l Wasser
1 Zimtstange
Schale von 1 Zitrone (Schale unbehandelt)

Zubereitungszeit: 1 Stunde und 30 Minuten
Einkochzeit: 30 Minuten

Die Mirabellen waschen, gut ablaufen lassen, von einer Seite aufschneiden und die Kerne entfernen. Den Zucker mit dem Wein, dem Wasser, der Zimtstange und der hauchdünn geschnittenen Zitronenschale aufkochen, bis der Zucker gelöst ist. Die Früchte zugeben, nochmals aufkochen und heiß in die vorbereiteten Gläser füllen. Die Gläser mit Gummiring, Deckel und Klammer verschließen. Bei 90 °C 30 Minuten einkochen.

Holdermus mit Birnen

Im Bild vorne

Die Holunderbeeren oder Fliederbeeren werden zu Unrecht zu den weniger edlen Wildbeeren gezählt, denn richtig zubereitet können sie eine wahre Delikatesse sein. Vor allem in Süddeutschland kennt man unzählige Varianten dieses frischen Kompottes, das natürlich auch konserviert werden kann.

Zutaten für 4–5 Gläser (je ½ l Inhalt):
1 500 g frische, reife Holunderbeeren
400 g brauner Zucker
¼ l Wasser
1 kg Birnen
Schale von 1 Zitrone (Schale unbehandelt)
1 Zimtstange

Zubereitungszeit: 1 Stunde und 20 Minuten
Einkochzeit: 25 Minuten

Die Holunderdolden waschen und auf Küchenpapier gut abtrocknen lassen. Dann erst die Beeren mit der Hand von den Stielen lösen. Mit dem Zucker und dem Wasser zum Kochen bringen und etwa 10 Minuten leise köcheln lassen. In der Zwischenzeit die Birnen schälen, halbieren und das Kernhaus herausschneiden. Die Früchte in Spalten schneiden und mit der dünn abgeschnittenen Zitronenschale sowie der Zimtstange noch 1–2 Minuten in dem Holdermus mitkochen. In vorbereitete Gläser füllen, vorschriftsmäßig verschließen. Das Holdermus bei 80 °C 25 Minuten einkochen.

Variante: Holunderbeeren mit Zwetschgen

1 kg reife Holunderbeeren waschen, abtrocknen und mit der Hand von den Stielen abstreifen. 1 kg reife, süße Zwetschgen ebenfalls waschen, halbieren und den Stein entfernen. Die Zwetschgen und die Holunderbeeren zusammen mit 250 g Zucker, dem Saft und der Schale von 1 Zitrone (Schale unbehandelt) unter Rühren 5 Minuten kochen. Das Kompott in die vorbereiteten Gläser füllen, vorschriftsmäßig verschließen und bei 80 °C 20 Minuten einkochen.
Die Menge ergibt etwa 4 Gläser (je ½ l Inhalt).

Süß-saures Schlehenkompott

Im Bild hinten

Diese in rohem Zustand ungenießbaren Wildfrüchte entwikkeln, mit Zucker gekocht, ein besonders feines, herbes Aroma und vertragen sich ausnehmend gut mit Wildgerichten. Sammeln sollte man nur große Beeren und dies erst nach dem ersten richtigen Frost, denn sonst sind sie zu herb im Geschmack.

Zutaten für 5–6 Gläser (je ½ l Inhalt):
2 kg Schlehen
500 g Honig
250 g Zucker
½ l Apfelessig
Schale von 1 Zitrone (Schale unbehandelt)
1 getrocknetes Lorbeerblatt
5 Wacholderbeeren

Zubereitungszeit: 40 Minuten
Einkochzeit: 30 Minuten

Die Schlehen verlesen, gründlich waschen und abtrocknen lassen. Die Beeren mit dem Honig, dem Zucker, dem Essig und den Gewürzen etwa 2–3 Minuten durchkochen. Noch heiß in vorbereitete Gläser füllen und vorschriftsmäßig verschließen. Das Kompott bei 80 °C 30 Minuten einkochen.

Eingekochtes Gemüse

Zur Erinnerung vorab nochmals eine Grundregel, die auch für das Einkochen von Gemüse gültig ist: Nur einwandfreie Qualität garantiert den Erfolg! Achten Sie also darauf, daß Sie wirklich hochwertiges, frisch geerntetes und möglichst wenig oder überhaupt nicht gedüngtes Gemüse bekommen. Auch nur einige Tage alte Ware kann, ohne daß man es merkt, teilweise schon in Gärung übergegangen sein. Wenn das Gemüse vom Regen feucht ist, muß es unbedingt sofort verarbeitet werden; eventuelle Schadstellen großzügig entfernen.

Feine Erbsen

Die frischesten Erbsen sind gerade gut genug, und wenn man sie gleich aus den Schalen palen kann, brauchen sie auch nicht gewaschen zu werden. Die Erbsen in die vorbereiteten Gläser geben, mit frischem Wasser auffüllen und bei 100 °C 2 Stunden einkochen.

Variante: Zuckererbsen

Von den ganzen Schoten werden nur die Stiele abgeschnitten und eventuell vorhandene Fäden abgezogen. Die Schoten in passende Gläser stellen (ohne vorzubrühen). 1 l Wasser mit 150 g Zucker und ¼ Teelöffel Salz aufkochen. Die Schoten mit der Zuckerlösung übergießen. Die Gläser wie gewohnt verschließen. Bei 100 °C etwa 2 Stunden einkochen.

Variante: Möhren

Von den Möhren/Karotten das Kraut abschneiden. Die Möhren mit einem Gemüsemesser schaben und sofort in Wasser legen, damit die Farbe nicht verblaßt. Dann nach Belieben in Würfel oder Scheiben schneiden (Scheiben sehen mit dem Buntmesser geschnitten besonders schön aus) und in genügend leicht gesalzenem Wasser etwa 5 Minuten vorkochen. Die Möhrenstücke in die vorbereiteten Gläser geben und mit frischem Wasser auffüllen. Die Gläser wie gewohnt verschließen. Bei 100 °C 1 Stunde und 30 Minuten einkochen.

Variante: Ganze Karotten

Hierfür eine kleine Sorte, rund oder länglich wählen. Das Kraut abschneiden, die Karotten mit einem Gemüsemesser schaben und in leicht gesalzenem Wasser etwa 5 Minuten vorkochen, dann in vorbereitete Gläser schichten und mit frischem Wasser aufgießen. Die Gläser wie gewohnt verschließen. Bei 100 °C etwa 2 Stunden einkochen.

Variante: Grüne Bohnen mit Kräutern

3 kg fleischige grüne Bohnen putzen und in etwa 3 cm lange Stükke schneiden. In einem großen Topf 5 l Wasser zum Kochen bringen und die Bohnen darin in mehreren Portionen nacheinander 2 Minuten blanchieren. Die Stücke herausnehmen und gut abgetropft in vorbereitete Gläser füllen. In jedes Glas je 1 Stengel Petersilie und Bohnenkraut legen und 1 Teelöffel weiße Pfefferkörner auf die Gläser verteilen. 2 l Wasser mit 2 Eßlöffeln Salz aufkochen, über die Bohnen gießen und die Gläser vorschriftsmäßig verschließen. Bei 100 °C 60 Minuten einkochen.
Die Menge ergibt etwa 5 Gläser (je 1 l Inhalt).

Mein Tip: Gemüse behält seine ursprüngliche Farbe, wenn es nach dem Vorkochen oder Blanchieren sofort in Eiswasser gelegt wird. Erst weiterverarbeiten, wenn es vollständig erkaltet ist.

Staudensellerie

Im Bild hinten

Beide Selleriearten, der Knollensellerie und der Stauden-, Stangen- oder Bleichsellerie sind ideale Gemüse zum Einkochen; doch beide müssen vorgekocht werden. Man schätzt sie besonders als Salat.

Zutaten für 3–4 Gläser
(je 1 l Inhalt):
3500 g Staudensellerie
(etwa 2–3 große Stauden)
Salz

Zubereitungszeit: 40 Minuten
Einkochzeit: 1 Stunde und 20 Minuten

Den Sellerie in einzelne Stangen teilen und die Blätter abstreifen. Die Stangen am unteren, oft etwas holzigen Ende stutzen und dann in Höhe der Gläser in Stükke schneiden. In einem entsprechend großen Topf die Selleriestücke in reichlich Wasser etwa 5 Minuten sprudelnd kochen lassen. Herausnehmen, in Eiswasser abschrecken und ablaufen lassen. Die Stücke aufrecht (mit möglichst wenig Zwischenraum) in vorbereitete Gläser stellen. Bei Verwendung der bisherigen Flachrand-Gläser darauf achten, daß die Stangen 2 cm niedriger abgeschnitten werden. Mit leicht gesalzenem Wasser (auf 1 l Wasser 1 gestrichener Teelöffel Salz) auffüllen. Die Gläser vorschriftsmäßig verschließen und den Sellerie bei 100 °C 1 Stunde und 20 Minuten einkochen.

Knollensellerie in Scheiben

Im Bild vorne

Zutaten für etwa 4 Gläser
(je ½ l Inhalt):
2500 g Knollensellerie,
ohne Blätter gewogen
Salz

Zubereitungszeit: 60–70 Minuten
Einkochzeit: 2 Stunden

Die Sellerieknollen unter fließendem Wasser gründlich abbürsten und ungeschält in einem geeigneten Topf weich kochen. Wegen der unterschiedlichen Größen der Knollen ist dafür keine verbindliche Zeitangabe möglich, jedoch kann man mit einem dünnen Holzstäbchen sehr genau prüfen, ob sie weich sind. Die Knollen noch warm schälen, damit sie sich nicht braun verfärben, und in gleichmäßig dicke Scheiben schneiden. Die Scheiben in kleinere, passende, vorbereitete Gläser schichten und mit leicht gesalzenem Wasser (1 gestrichener Teelöffel Salz auf 1 l Wasser) auffüllen. Die Gläser vorschriftsmäßig verschließen und den Sellerie bei 100 °C 2 Stunden einkochen.

Variante: Selleriescheiben pikant

Peperoni und Petersilienwurzel geben dem Sellerie einen herzhaften Geschmack, unterstützt durch den Weinessig.
2500 g Knollensellerie (ohne Blätter) werden wie im vorangegangenen Rezept vorbereitet, weich gekocht, geschält und in Scheiben geschnitten. 3–4 scharfe Peperoni einmal längs auseinanderschneiden und sorgfältig alle Samenkörner entfernen. Die Peperoni in ganz kleine Würfel schneiden. 2 Petersilienwurzeln unter fließendem Wasser sauber bürsten und ebenfalls in kleine Würfel schneiden. Die Petersilien- und Peperoniwürfel in etwas Salzwasser 5–6 Minuten kochen, ablaufen lassen und mit den Selleriescheiben in passende, vorbereitete Gläser füllen. Wasser mit Salz und feinem Weinessig mischen: auf 1 l Wasser 1 Teelöffel Salz und etwa 5–6 Eßlöffel Essig. Damit die Gläser auffüllen. Vorschriftsmäßig verschließen und den Sellerie bei 100 °C 2 Stunden einkochen.
Die Menge ergibt etwa 4 Gläser (je ½ l Inhalt).

Pizza-Tomaten

Im Bild links und vorne rechts

Sie sind wirklich der ideale Belag für selbstgemachte Pizzen, aber genausogut kann man sie für Saucen verwenden. Doch nur die länglichen Flaschentomaten, wie sie im Spätsommer und Herbst aus Italien zu uns kommen, eignen sich dafür. Und natürlich müssen sie von einwandfreier Qualität sein.

Zutaten für 4–5 Gläser (je ½ l Inhalt):

3 kg reife, aber noch feste Flaschentomaten
1½ l Wasser
2 Teel. Salz
2–3 Zweige Estragon
einige Basilikumblätter
1 Eßl. Pfefferkörner

Zubereitungszeit: 1 Stunde
Einkochzeit: 30 Minuten

Die Tomaten einritzen, kurz in kochendes Wasser legen, die Haut abziehen und die Stiele entfernen. In die vorbereiteten Gläser schichten. Das Wasser mit dem Salz aufkochen, die Gewürze zugeben, nochmals aufkochen und den Sud über die Tomaten füllen. Die Gläser vorschriftsmäßig verschließen und die Tomaten bei 90 °C 30 Minuten einkochen.

Variante: Tomaten mit Zwiebeln und Paprika

Sie sind mit den Gewürzen, Zwiebeln und Paprikaschoten fast schon ein vollständiger Pizzabelag. Man braucht sie nur noch durch Käse (und vielleicht Salami oder Schinken) ergänzen.
Das Rezept ist mit dem vorangegangenen identisch. Zusätzlich 3 Zwiebeln schälen und in Ringe schneiden. 2 grüne Paprikaschoten halbieren, die Kerne und weißen Rippen entfernen und das Fruchtfleisch in Würfel schneiden. Die Zwiebelringe und Paprikawürfel mit den Tomaten in die Gläser füllen und weiter verfahren wie im nebenstehenden Rezept. Die Menge ergibt 5–6 Gläser (je ½ l Inhalt).

Gewürzte Tomaten in Flaschen

Im Bild hinten rechts

Sie sind eine ideale Basis für die schnelle Zubereitung einer kalten oder warmen Tomatensauce.

Zutaten für etwa 4 Flaschen (je ½ l Inhalt):

2500 g vollreife Tomaten
1 kleine Zwiebel
3–4 Knoblauchzehen
1 Eßl. eingelegter grüner Pfeffer
2–3 Bunde frisches Basilikum
Olivenöl zum Auffüllen

Zubereitungszeit: 1 Stunde und 50 Minuten bis 2 Stunden
Einkochzeit: 30 Minuten

Wie immer zum Einkochen, sollten es auch dafür nur einwandfreie Früchte sein. Die Tomaten einritzen, kurz in kochendes Wasser legen. Den Stielansatz kelchförmig herausschneiden und die Haut abziehen. Die Tomaten in Würfel schneiden und in einen entsprechend großen, möglichst niedrigen Topf geben. Die Zwiebel und die Knoblauchzehen schälen und so fein wie möglich hacken. Mit den grünen Pfefferkörnern zu den Tomaten geben und unter Rühren ohne Zugabe von Flüssigkeit bei schwacher Hitze 30–40 Minuten einkochen lassen (die Flüssigkeit reduzieren). Die Basilikumblätter grobhacken und unterrühren. Die Mischung in vorbereitete Flaschen füllen, etwas abkühlen lassen und zur Konservierung mit Olivenöl auffüllen. Mit Twist-off-Deckeln oder Pergament verschließen. Auf diese Weise halten die Tomaten, an kühlem Platz gelagert, garantiert 6–8 Wochen. Wer sicher gehen will, verzichtet auf das Olivenöl und kocht die gewürzten Tomaten in entsprechend verschlossenen Flaschen 30 Minuten bei 90 °C ein.

Paprikagemüse

Dieses feine saure Gemüse paßt vor allem zu deftigen Fleischgerichten. Aber beim Einkauf von Paprikaschoten sollten Sie wählerisch sein oder, besser noch, auf den Herbst warten, denn nur dann bekommt man wirklich schmackhafte Schoten. Treibhausware, wie sie das Jahr über meist angeboten wird, taugt wirklich nicht zum Einkochen und ist darüber hinaus auch noch teurer. Auch sollten Sie die dickfleischigen Riesenschoten meiden; sie haben viel zu wenig Aroma im Gegensatz zu den kleineren Früchten, die im Herbst vor allem aus Jugoslawien und Italien zu uns kommen.

Zutaten für etwa 4 Gläser (je ½ l Inhalt):
500 g grüne Paprikaschoten
500 g rote Paprikaschoten
500 g gelbe Paprikaschoten
1 Chilischote
250 g kleine Zwiebeln
4–5 Sellerieblätter
½ l Weinessig
½ l Wasser · Salz
50 g Zucker
3 getrocknete Lorbeerblätter
1 Teel. Senfkörner
½ Teel. schwarze Pfefferkörner
3 Knoblauchzehen

Zubereitungszeit: 1 Stunde
Zeit zum Durchziehen: über Nacht
Einkochzeit: 25 Minuten

Die Paprikaschoten und die Chilischote waschen, halbieren, die Kerne und weißen Rippen entfernen und die Schoten in Streifen schneiden. Die Zwiebeln schälen und in Ringe schneiden. Die Sellerieblätter kleinzupfen. Die Paprikastreifen, Zwiebelringe und Sellerieblättchen in kochendem Wasser 3–4 Minuten blanchieren, dann gut abtropfen lassen. Den Essig, das Wasser, die Gewürze und die geschälten, in Stifte geschnittenen Knoblauchzehen zusammen aufkochen und über die Paprikamischung gießen. Zugedeckt über Nacht stehen lassen.
Am nächsten Tag das Gemüse abgießen und die Flüssigkeit nochmals aufkochen. Das Paprikagemüse in vorbereitete Gläser füllen, mit der Flüssigkeit aufgießen, nach Vorschrift verschließen und bei 100 °C 25 Minuten einkochen.

Variante: Paprika-Tomaten-Gemüse

1 kg grüne Paprikaschoten halbieren, Stiel, Kerne und weiße Rippen sorgfältig entfernen und die Schoten in 2 cm breite Streifen schneiden. ½ l leichten Rotwein mit ¼ l Wasser aufkochen. Die Paprikastreifen darin 4–5 Minuten kochen lassen, dann in einen Durchschlag schütten. 1 kg reife Tomaten (feste Früchte) kurz in kochendem Wasser blanchieren, schälen, in Viertel schneiden und zu den Paprikaschoten geben. 200 g Zwiebeln schälen und in Ringe schneiden. Mit den Paprikaschoten und Tomaten in die vorbereiteten Gläser schichten. Die Weinflüssigkeit mit 10 Pfefferkörnern, 5 Pimentkörnern und 1 Lorbeerblatt, in einem Mullbeutel, nochmals 4–5 Minuten kochen, dann den Sud über das Gemüse gießen. Die Gläser vorschriftsmäßig verschließen und das Gemüse bei 100 °C 50 Minuten einkochen.
Die Menge ergibt 4–5 Gläser (je ½ l Inhalt).

Variante: Mais mit Paprika

Als Zutaten brauchen Sie 1 kg Maiskörner, 1 kg rote Paprikaschoten, 1 l Wasser, 1 Teelöffel Salz und 10 Pfefferkörner. Die Zubereitung ist identisch mit der des vorangegangenen Rezeptes. Die Maiskörner werden jedoch zunächst in leicht gesalzenem Wasser 15 Minuten sprudelnd gekocht, dann erst mit den Paprikastreifen weitere 5 Minuten. Das Gemüse mit dem Sud in vorbereitete Gläser füllen und wie oben einkochen.
Die Menge ergibt etwa 5 Gläser (je ½ l Inhalt).

Rhabarber-Erdbeer-Konfitüre

Im Bild hinten

Sie sind die ersten Früchte des Jahres, der saure Rhabarber mit seinem angenehmen Nachgeschmack und die aromatischen, süßen Erdbeeren. Weil sie gegensätzlich sind, passen sie wohl auch so gut zusammen. Sie ergeben jedenfalls eine altbewährte, ideale Geschmackskombination.

Zutaten für etwa 4 Gläser (je ½ l Inhalt):
500 g geschälter Rhabarber
⅛ l Weißwein
500 g entstielte Erdbeeren
1 kg Gelierzucker

Zubereitungszeit: 50 Minuten

Vom Rhabarber die Haut abziehen und eventuell das untere Stengelende abschneiden, dann abwiegen. Die Stangen in kleine Stücke schneiden und mit dem Weißwein einige Minuten dünsten, bis sie glasig werden. Die Erdbeeren waschen, entstielen, zerdrücken und mit dem Rhabarber sowie der Hälfte des Gelierzuckers mischen. Die Mischung unter Rühren aufkochen, die zweite Hälfte des Gelierzuckers zufügen. Die Konfitüre 10 Sekunden sprudelnd kochen lassen. Heiß in vorbereitete Gläser einfüllen und verschließen.

Rhabarber mit Aprikosen und Erdbeeren

Im Bild vorne

Zutaten für 8–9 Gläser (je ¼ l Inhalt):
400 g geschälter Rhabarber
400 g entsteinte Aprikosen
400 g entstielte Erdbeeren
1 200 g Gelierzucker

Zubereitungszeit: 50 Minuten

Vom Rhabarber die Haut abziehen und die Stangen in ganz kleine Stückchen schneiden (nicht vordünsten). Die Aprikosen entsteinen und zerkleinern, die Erdbeeren entstielen und zerdrücken. Die Früchte abwiegen, dann mit der Hälfte des Gelierzuckers zum Kochen bringen. Die zweite Hälfte des Gelierzuckers zugeben und die Konfitüre 10 Sekunden sprudelnd kochen lassen. Heiß in vorbereitete Gläser füllen und verschließen.

Variante: Rhabarberkonfitüre mit frischem Ingwer

Eine frische Ingwerwurzel sorgfältig schälen, in ganz kleine Würfel schneiden und 50 g abwiegen. Diese mit 50 g Zucker und 2 cl Weißwein aufkochen. Bei schwacher Hitze langsam einkochen lassen, bis die Flüssigkeit verdunstet ist. Dann 2 cl Rum zugeben. Etwa 1100 g Rhabarber gut waschen und die Haut abziehen. Die Stangen in kleine Stücke schneiden und 1 kg abwiegen. Den Rhabarber mit dem Ingwer und 500 g Gelierzucker aufkochen. Weitere 500 g Gelierzucker zugeben und die Konfitüre 10 Sekunden sprudelnd kochen lassen. Noch heiß in vorbereitete Gläser füllen und verschließen.
Die Menge ergibt 8–9 Gläser (je ¼ l Inhalt).

Mein Tip: Früchte genau wiegen! Und zwar nach der Vorbereitung, damit das Verhältnis zum Zucker und Geliermittel jeweils gewahrt bleibt. Also Erdbeeren erst abzupfen, Aprikosen entkernen, Johannisbeeren vom Stiel streifen und so weiter. Je nach Obstsorte müssen Sie also mehr einkaufen oder ernten.

Erdbeer-Orangen-Marmelade

Im Bild vorne

Die Säure und der kräftige Geschmack der Orangen verbinden sich hervorragend mit dem zarten Aroma der Erdbeeren.

Zutaten für 12–14 Gläser
(je ¼ l Inhalt):
750 g Orangenfruchtfleisch
(entspricht etwa 2 kg Orangen)
750 g Erdbeeren
1800 g Zucker
10 g Zitronensäure
1 Normalflasche flüssiges
Geliermittel

Zubereitungszeit: 1 Stunde

Will man die Orangenschale mitverwenden – und nur dann schmeckt die Marmelade so richtig nach Orange –, dann darf man natürlich nur unbehandelte Ware kaufen. Trotzdem aber die Früchte unter fließendem heißem Wasser abbürsten und die äußere Schale vorsichtig abreiben, damit nichts von der weißen, bitteren Innenhaut in die Marmelade kommt. Die Orangen schälen und dabei alles Weiße entfernen. Das Fruchtfleisch im Mixer zerkleinern oder durch den Fleischwolf drehen und in einen entsprechend großen Kochtopf geben. Die Erdbeeren waschen, gut ablaufen lassen, entstielen und zerdrücken. Die abgeriebene Orangenschale, die zerdrückten Erdbeeren, den Zucker und die Zitronensäure zum Orangenfruchtfleisch in den Topf geben. Unter Rühren zum Kochen bringen und etwa 10 Sekunden aufwallen lassen. Das Geliermittel zugießen, gut unterrühren und nochmals aufkochen lassen. Die Marmelade heiß in vorbereitete Gläser füllen und verschließen.

Erdbeer-Kiwi-Konfitüre

Im Bild hinten

Zutaten für etwa 4 Gläser
(je ½ l Inhalt):
750 g Erdbeeren
250 g Kiwis, vorbereitet
gewogen
Saft von 3 Limetten
1 kg Gelierzucker

Zubereitungszeit: 50 Minuten

Die Erdbeeren waschen, gut ablaufen lassen, entstielen und fein zerdrücken. Die Kiwis dünn schälen, die leicht holzigen Enden etwas abschneiden und das Fruchtfleisch mit einem großen Messer in Stücke hacken. Die Früchte, den Limettensaft und die Hälfte des Gelierzuckers in einen entsprechend großen Topf geben und unter Rühren zum Kochen bringen. Dann die zweite Hälfte des Gelierzuckers zugeben, wieder zum Kochen bringen und 10 Sekunden sprudelnd kochen lassen. Die Konfitüre heiß in vorbereitete Gläser füllen und verschließen.

Variante: Erdbeerkonfitüre

Wer den reinen Fruchtgeschmack liebt, wird so aromatische Früchte wie Erdbeeren nicht mit anderen mischen. Allerdings sollten die Beeren dafür auch wirklich vollreif sein – am besten selbst gepflückt.
1 kg frische, vollreife Erdbeeren waschen, gut ablaufen lassen, entstielen und fein zerdrücken. Mit 500 g Gelierzucker in einen entsprechend großen Topf geben und unter Rühren zum Kochen bringen. Dann weitere 500 g Gelierzucker zugeben. Die Konfitüre wieder zum Kochen bringen und 10 Sekunden sprudelnd kochen lassen. Heiß in vorbereitete Gläser füllen und verschließen.
Die Menge ergibt etwa 8 Gläser (je ¼ l Inhalt).

Mein Tip: Kleine Gläser bringen mehr Abwechslung auf den Frühstückstisch, weil man die Marmeladensorte öfters wechseln kann. Aber es gibt noch einen anderen gewichtigen Grund für die Verwendung von kleinen Gläsern: Konfitüren und Gelees gelieren leichter als in großen Gläsern und haben dadurch eine längere Haltbarkeit.

Johannisbeerkonfitüre mit »Exoten«

Rote Johannisbeeren vertragen sich sehr gut mit anderen Früchten, ganz besonders mit einigen »Exoten«. Allen voran gilt das für die Passionsfrüchte, deren ausgeprägtes Aroma allerdings dann den Geschmack der Konfitüre bestimmt.

Zutaten für etwa 9 Gläser (je ¼ l Inhalt):
500 g rote Johannisbeeren
500 g Ananasfruchtfleisch (etwa 1 kg Ananas-Rohgewicht)
100 g Fruchtfleisch von Passionsfrüchten (etwa 6–8 Früchte der kleinen Sorte »Granadillas« oder 4–5 Früchte der großen gelben Sorte)
Saft von 2 Limetten
1 100 g Zucker
5 g Zitronensäure
½ Flasche flüssiges Geliermittel

Zubereitungszeit: 45 Minuten

Die Johannisbeeren waschen, trockentupfen, von den Stielen streifen und grüne oder angefaulte Beeren entfernen. Die Ananas schälen und eventuell im Fruchtfleisch verbliebene »Augen« mit einem spitzen Obstmesser ausschneiden. Die Frucht einmal längs durchschneiden und den holzigen Strunk entfernen. Das Fruchtfleisch in Stücke schneiden. Die Passionsfrüchte halbieren und das Fruchtfleisch mit den Kernen mit einem Teelöffel aus den Schalen schaben, dabei aber nichts von der pelzigen Schale mitnehmen. Die Johannisbeeren, das Ananas- und das Passionsfruchtfleisch in einem entsprechend großen Topf mit dem Zucker und der Zitronensäure aufkochen, das flüssige Geliermittel zugießen und die Konfitüre 10 Sekunden sprudelnd kochen lassen. Noch heiß in vorbereitete Gläser füllen und verschließen.

Variante: Erdbeer-Ananas-Konfitüre mit Passionsfrüchten

750 g Erdbeeren waschen, gut abtropfen lassen, entstielen und zerdrücken. 500 g Ananas- und 100 g Passionsfruchtfleisch wie im vorhergehenden Rezept vorbereiten. Das Obst in einem entsprechend großen Topf mit dem Saft von 1 Zitrone, 1 600 g Zucker und 10 g Zitronensäure aufkochen, 1 Flasche flüssiges Geliermittel dazugießen und die Konfitüre 10 Sekunden sprudelnd kochen lassen. Noch heiß in vorbereitete Gläser füllen und verschließen.
Die Menge ergibt etwa 12 Gläser (je ¼ l Inhalt).

Variante: Sauerkirsch-Aprikosen-Konfitüre mit Ingwer

500 g Sauerkirschen waschen, abtropfen lassen und entsteinen. 750 g Aprikosen waschen, halbieren und ebenfalls entsteinen; nach Wunsch in Stücke schneiden. 2 in Sirup eingelegte Ingwerpflaumen abtropfen lassen und feinhacken. Die Früchte und den Ingwer mit 625 g Gelierzucker mischen. Die Mischung unter Rühren aufkochen, weitere 625 g Gelierzucker zusetzen. Die Konfitüre 10 Sekunden sprudelnd kochen lassen. Noch heiß in vorbereitete Gläser einfüllen.
Die Menge ergibt 8–10 Gläser (je ¼ l Inhalt).

Mein Tip: *Einmachzucker* ist gröberer Zucker (Raffinade) ohne jeden Zusatz. *Gelierzucker* wird aus Kristallzucker mit Pektinzusatz hergestellt; er erlaubt eine bequeme Zubereitung von Marmeladen und Gelees. *Gelierpulver* ist ein Geliermittel in Pulverform, ohne Zuckerzusatz, mit beigefügter Säure. Beim *flüssigen Geliermittel* werden Säure und Zucker extra zugefügt, so daß auf die speziellen Eigenschaften der einzelnen Früchte (mehr oder weniger Säure) besonders Rücksicht genommen werden kann. *Einmachhilfe* dient zur besseren Haltbarmachung von saurem und süßsaurem Eingemachten. Sie besteht aus Sorbinsäure und ist kein Geliermittel!

Kirschkonfitüre mit Geist

Im Bild links

Diese Konfitüre sollten Sie sich im Juli vornehmen, wenn es noch Süßkirschen im Angebot gibt und schon die ersten Sauerkirschen auf dem Markt sind.

Zutaten für 14–16 Gläser (je ¼ l Inhalt):
1 kg reife, dunkle Süßkirschen
1 kg reife Schattenmorellen
2 kg Gelierzucker
⅛ l gutes Kirschwasser

Zubereitungszeit: 1 Stunde

Die Kirschen sorgfältig waschen, abtrocknen und von den Stielen befreien. Über einer Schüssel entsteinen, damit kein Saft verlorengeht. Mit einem Kartoffelstampfer (oder ähnlichem Gerät) die Kirschen etwas zerdrücken. Wer keine großen Stücke in der Konfitüre liebt, kann die Früchte auch durch den Fleischwolf drehen. In einen entsprechend großen Kochtopf umfüllen und mit dem Gelierzucker mischen. Zum Kochen bringen und 10 Sekunden sprudelnd kochen lassen. Den Topf vom Herd nehmen. Das Kirschwasser unterrühren. Die Konfitüre heiß in vorbereitete Gläser füllen und verschließen.

Kirschkonfitüre mit Walnüssen

Im Bild hinten

Diese Kombination ergibt einen besonders aparten Geschmack. Die Konfitüre sollte aber nicht länger als 8–10 Monate (auch bei kühler Lagerung) aufbewahrt werden, weil die Nüsse leicht ranzig werden.

Zutaten für 14–16 Gläser (je ¼ l Inhalt):
2 kg reife, dunkle Süßkirschen
150 g frische Walnußkerne
2 kg Gelierzucker

Zubereitungszeit: 1 Stunde

Die Zubereitung ist im wesentlichen identisch mit dem vorangegangenen Rezept. Die Kirschen zerkleinern und die Walnüsse hakken. Beides mit dem Gelierzucker wie nebenstehend beschrieben kochen.

Sauerkirschkonfitüre mit Aprikosen

Im Bild vorne

Zutaten für 14–16 Gläser (je ¼ l Inhalt):
1 kg Schattenmorellen
1 200 g Aprikosen
2 kg Gelierzucker

Zubereitungszeit: 1 Stunde und 10 Minuten

Die Kirschen waschen, abtrocknen, entsteinen und grob zerkleinern. Die Aprikosen kurz in heißes Wasser tauchen und die Haut abziehen. Die Früchte halbieren und die Steine entfernen. 10–12 Aprikosensteine mit dem Hammer aufschlagen und die Kerne herausnehmen. Die Aprikosenkerne 1–2 Minuten in kochendes Wasser legen, herausnehmen und die dünne Haut abziehen. Die Kirschen, die Aprikosenhälften, den Gelierzucker und die Aprikosenkerne in einem entsprechend großen Kochtopf unter Rühren zum Kochen bringen und 10 Sekunden sprudelnd kochen lassen. Die Konfitüre heiß in vorbereitete Gläser füllen und verschließen.

Mein Tip: Weil die Hitze hilft, Konfitüren und Gelees keimfrei zu halten, füllt man sie auch so heiß wie möglich in die Gläser ein. Um zu verhindern, daß die Gläser springen, gibt es einige Hilfen. Die Gläser auf ein feuchtes Tuch stellen, nur mit wenig heißer Konfitüre füllen und diese im Glas schwenken, damit es sich erwärmt. Wer ganz sicher gehen will, stellt zusätzlich einen sauberen, silbernen Löffel ins Glas hinein, denn er leitet die Wärme ab.

Pfirsichkonfitüre mit Melone und Ingwer

Im Bild in der Mitte

Eine raffinierte Geschmackskombination, die durch den Mandellikör noch ihren »letzten Schliff« bekommt.

Zutaten für etwa 8 Gläser (je ¼ l Inhalt):
500 g Pfirsiche, vorbereitet gewogen
500 g Honigmelone, vorbereitet gewogen
50 g in Sirup eingelegter Ingwer
Saft von ½ Zitrone
1 kg Gelierzucker
4 cl Amaretto (Mandellikör)

Zubereitungszeit: 1 Stunde

Die Pfirsiche kurz in kochendes Wasser tauchen, die Haut abziehen, die Früchte halbieren und entsteinen. Die Melone vierteln und entkernen, die Schale abschneiden. Die Früchte abwiegen, dann hacken oder in kleine Stükke schneiden. Den Ingwer ganz fein würfeln und zusammen mit den Früchten, dem Zitronensaft und dem Gelierzucker in einem entsprechend großen Topf zum Kochen bringen. 1 Minute sprudelnd kochen lassen. Die Konfitüre vom Herd nehmen und den Likör unterrühren. Sofort heiß in vorbereitete Gläser füllen und verschließen.

Pfirsichkonfitüre

Im Bild vorne und hinten

Zutaten für etwa 8 Gläser (je ¼ l Inhalt):
1 kg reife Pfirsiche, vorbereitet gewogen
Saft von 1 Zitrone
1 kg Gelierzucker

Zubereitungszeit: 50 Minuten

Die Pfirsiche kurz in kochendes Wasser tauchen, die Haut abziehen, die Früchte halbieren und entsteinen. Das Fruchtfleisch abwiegen, dann hacken oder in kleine Stücke schneiden. Mit dem Zitronensaft und dem Gelierzucker in einem entsprechend großen Topf zum Kochen bringen. 1 Minute sprudelnd kochen lassen. Die Konfitüre heiß in vorbereitete Gläser füllen und verschließen.

Variante: Nektarinen-Pflaumen-Konfitüre

Schon bedingt durch ihre Verwandtschaft passen die beiden Früchte gut zusammen. Der Zitronensaft und der Amaretto (Mandellikör) runden das Aroma noch bestens ab. 1 kg Nektarinen und 1 kg reife Pflaumen kurz in kochendem Wasser blanchieren und die Haut abziehen. Die Früchte halbieren, entsteinen und in Stükke hacken. Mit dem Saft von 1 Zitrone, 6 cl Mandellikör und 2 kg Gelierzucker in einem entsprechend großen Topf zum Kochen bringen und 1 Minute sprudelnd kochen lassen. Noch heiß in vorbereitete Gläser füllen und verschließen.
Die Menge ergibt etwa 16 Gläser (je ¼ l Inhalt).

Variante: Nektarinenkonfitüre

Reichlich 1 kg Nektarinen kurz in kochendes Wasser tauchen, die Haut abziehen, die Früchte halbieren und entsteinen. Das Fruchtfleisch abwiegen (es soll 1 kg sein), dann hacken oder in kleine Stücke schneiden. Mit 1 kg Gelierzucker in einem entsprechend großen Topf zum Kochen bringen. 1 Minute sprudelnd kochen lassen, heiß in vorbereitete Gläser füllen und verschließen.
Die Menge ergibt etwa 8 Gläser (je ¼ l Inhalt).

Feigenmarmelade

Im Bild vorne und links

Aus frischen, reifen Herbstfeigen, mit etwas Zitronenschale gewürzt, schmeckt sie ganz besonders gut. Aber auch aus getrockneten Früchten läßt sich eine feine Marmelade bereiten – sie folgt als Variante.

Zutaten für etwa 8 Gläser (je ¼ l Inhalt):

1200 g frische Feigen
Saft und abgeriebene Schale von 1 Zitrone (Schale unbehandelt)
1 kg Gelierzucker

Zubereitungszeit: 1 Stunde

Von den Feigen die Haut abziehen. Dazu mit einem Obstmesser beim Stiel ansetzen und nach unten abziehen. Die Früchte durch den Fleischwolf geben, mit dem Saft sowie der abgeriebenen Schale der Zitrone und dem Gelierzucker unter Rühren zum Kochen bringen. 1 Minute sprudelnd kochen lassen. Die Marmelade heiß in vorbereitete Gläser füllen und verschließen.

Variante: Marmelade aus getrockneten Feigen

Sie brauchen dazu 1 kg getrocknete Feigen. Die meist zusammengepreßten Feigen voneinander lösen und in warmem Wasser gründlich waschen. Die harten Stiele abschneiden und die Feigen in eine Schüssel legen. 100 g Zucker darüberstreuen, ¾ l Weißwein darübergießen und alles zugedeckt über Nacht stehenlassen. Die Feigen abtropfen lassen, in kleine Stücke schneiden und mit der aufgefangenen Flüssigkeit und dem Saft von 2 Zitronen in einen entsprechend großen Topf geben. Mit 1 Eßlöffel gehacktem Ingwer (in Sirup eingelegt) und 1 kg Gelierzucker mischen und alles unter Rühren zum Kochen bringen. 4 Minuten sprudelnd kochen lassen, dabei ab und zu abschäumen. Die Marmelade heiß in vorbereitete Gläser füllen und verschließen.
Die Menge ergibt etwa 8 Gläser (je ¼ l Inhalt).

Pfirsich-Feigen-Konfitüre

Im Bild hinten

Zutaten für etwa 8 Gläser (je ¼ l Inhalt):

500 g reife Pfirsiche, vorbereitet gewogen
500 g reife, frische Feigen, vorbereitet gewogen
1 Eßl. gehackte Zitronenmelisse
Saft von ½ Zitrone
⅛ l Sauternes (süßer Weißwein)
1 kg Gelierzucker

Zubereitungszeit: 50 Minuten

Die Pfirsiche und Feigen wie in den vorangegangenen Rezepten vorbereiten, dann in kleine Würfel schneiden und mit der Zitronenmelisse, dem Zitronensaft, dem Wein und etwa ¼ des Gelierzuckers langsam unter Rühren zum Kochen bringen. 2–3 Minuten kochen lassen, dann den restlichen Gelierzucker zufügen und rühren, bis er sich vollständig gelöst hat. Die Marmelade noch ½ Minute sprudelnd kochen lassen. Sofort in vorbereitete Gläser füllen und verschließen.

Mein Tip: Eine ganz alte, aber sehr wirkungsvolle Methode, Marmeladen und Konfitüren vor Umwelteinflüssen zu schützen: Paraffin im Wasserbad auflösen und über die Marmeladenoberfläche gießen. Die Marmelade sollte schon eine Haut gezogen haben, und die Paraffinschicht muß höchstens 4–5 mm stark sein. Dann die Gläser mit Pergament oder Folie zubinden. Vor Gebrauch muß man die harte Paraffinschicht nur mit dem Finger an einer Seite hinunterdrücken, dann läßt sie sich mühelos entfernen und für eine weitere Verwendung aufheben.
Eine ebenfalls sehr wirksame Oberflächenkonservierung ist ein in Alkohol getauchtes Papier (Pergament oder Einmachcellophan). Damit wird die Konfitüre einfach abgedeckt und das Glas anschließend mit Pergament oder Folie verschlossen.

Pflaumenmus

Im Bild vorne

Der Geschmack von echtem Pflaumenmus (in Österreich nennt man es »Powidl«) ist mit modernen Einmachmethoden nicht zu erreichen. Es ist nicht die Zuckermenge, kein Gewürz und schon gar nicht irgendein Geliermittel, es ist nur das beharrliche Einkochen der Früchte, das den ganz typischen Geschmack ausmacht. Und ganz besonders wichtig, es müssen vollreife, süße, späte Pflaumensorten sein. Stark wasserhaltige Frühzwetschgen eignen sich dafür nicht; man muß schon auf das Angebot im September/Oktober warten. Zubereitungstechniken für gutes Pflaumenmus gibt es verschiedene. Man kann es bei ganz kleiner Hitze unter ständigem Rühren auf dem Herd kochen. Die nachfolgende Methode im Backofen ist etwas unkomplizierter.

Zutaten für 8–10 Gläser
(je ¼ l Inhalt):
5 kg vollreife Pflaumen
500 g Zucker

Zubereitungszeit: etwa 1 Stunde und 30 Minuten
Garzeit: 3–4 Stunden

Die Pflaumen gut waschen, abtrocknen, entsteinen und zerkleinern. Man kann sie hacken oder durch den Fleischwolf drehen. Mit dem Zucker in einen sehr weiten Topf oder in die Fettpfanne geben und im vorgeheizten Backofen (etwa 180 °C) auf die mittlere Schiene schieben. Nach 15 Minuten die Ofentür etwas öffnen. Die Fruchtmasse ab und zu durchrühren. Sie muß ganz langsam Feuchtigkeit verlieren, ohne anzubrennen; nur dadurch erhält sie ihren typischen Geschmack. Nach 3–4 Stunden ist die Fruchtmasse so weit eingekocht, daß sie in vorbereitete Gläser oder, noch besser, in Steintöpfe abgefüllt werden kann. Die Gläser oder Töpfe verschließen.

Mein Tip: Pflaumenmus kann man zusätzlich mit Nelken, Zimt und Zitronenschale würzen. Mandeln ergänzen den Geschmack vortrefflich.

Variante: Pflaumenkonfitüre mit Geist

Nur reife, süße Pflaumen sollte man dafür verwenden. 1200 g Pflaumen waschen, halbieren und entsteinen. Das Fruchtfleisch grob hacken und mit 1 kg Gelierzucker vermischt zum Kochen bringen. 1 Minute sprudelnd kochen lassen und anschließend 4 cl Zwetschgenwasser darunterrühren. Die Konfitüre heiß in vorbereitete Gläser füllen und verschließen.
Die Menge ergibt etwa 8 Gläser (je ¼ l Inhalt).

Quitten-Hagebutten-Konfitüre

Im Bild hinten rechts

Zutaten für 6–8 Gläser
(je ½ l Inhalt):
1 500 g Hagebutten
1 500 g reife Quitten
2 kg Gelierzucker

Zubereitungszeit: 2 Stunden und 40 Minuten

Die Hagebutten (sie sollten schon einen Frost hinter sich haben) waschen, von Stiel und Blüten befreien, aufschneiden und die Kerne herauslösen. Das Fruchtfleisch, knapp mit Wasser bedeckt, 30 Minuten kochen lassen, dann durch ein Sieb streichen. Die Quitten mit einem Küchentuch abreiben, dann waschen, abtrocknen, schälen und entkernen. Das Fruchtfleisch in kleine Stücke schneiden. In einem entsprechend großen Topf die Quittenstücke mit dem Hagebuttenmark etwa 20 Minuten sprudelnd kochen lassen. Den Gelierzucker zusetzen und die Konfitüre noch weitere 10 Sekunden sprudelnd kochen lassen. In vorbereitete Gläser füllen und verschließen.

Orangenkonfitüre mit Melone

Zutaten für 8–10 Gläser
(je ¼ l Inhalt):
4 Orangen (Schale unbehandelt)
1 kg Honigmelone,
vorbereitet gewogen
¼ l Wasser
Saft von 2 Zitronen
1 kg Zucker
1 Päckchen Gelierpulver
für 1 kg Obstmasse

Zubereitungszeit: 50 Minuten

Die Orangen unter fließendem heißem Wasser abbürsten und die Schale mit einem scharfen Obstmesser hauchdünn abschneiden. Die Schale in dünne Fäden schneiden und in genügend Wasser 5–6 Minuten sprudelnd kochen lassen. Das Wasser abgießen. Die Melone vierteln, schälen, die Kerne entfernen und das Fruchtfleisch abwiegen, dann in Stücke schneiden. Die Melonenstücke mit dem Wasser glasig kochen. Den Saft der Orangen und Zitronen, die Orangenschalen, den Zucker und das Gelierpulver dazugeben. Etwa 5 Minuten sprudelnd kochen lassen. Die Konfitüre heiß in vorbereitete Gläser füllen und verschließen.

Variante: Orangenkonfitüre

4 Orangen (Schale unbehandelt) unter fließendem warmem Wasser abbürsten. Die Schale mit einem scharfen Obstmesser hauchdünn abschneiden und in feine Streifen schneiden. Weitere Orangen so schälen, daß auch die weiße Haut restlos entfernt wird. Die so vorbereiteten Orangen abwiegen, es muß 1 kg Fruchtfleisch sein. Alle Früchte in Scheiben schneiden, diese achteln und dabei eventuell vorhandene Kerne entfernen. Die Hälfte des Fruchtfleisches mit den Schalenstreifen und 500 g Gelierzucker mischen; zugedeckt über Nacht ziehen lassen.
Am nächsten Tag die 2. Hälfte des Fruchtfleisches im Mixer pürieren, mit 500 g Gelierzucker und dem Saft von 1 Zitrone mischen. Die marinierten Orangenstücke mit den Schalenstreifen und dem Fruchtmus in einen entsprechend großen Topf geben und unter Rühren zum Kochen bringen. 4 Minuten sprudelnd kochen lassen, noch heiß in vorbereitete Gläser füllen und verschließen.
Die Menge ergibt etwa 8 Gläser (je ¼ l Inhalt).

Variante: Grapefruitmarmelade

Reichlich 1 kg Grapefruits (Schale unbehandelt) unter fließendem warmem Wasser abbürsten. Von 4 Früchten die Schale hauchdünn abschneiden und in feine Streifen schneiden. Die Streifen mit ¼ l Wasser und 100 g Zucker etwa 10 Minuten kochen. Von allen Früchten die Schalen so abschneiden, daß auch die weiße Haut restlos entfernt wird. Die so vorbereiteten Grapefruits abwiegen, es muß 1 kg Fruchtfleisch sein. Die einzelnen Filets mit einem scharfen Messer zwischen den Häuten herauslösen, dabei die Kerne entfernen. Das Fruchtfleisch in kleine Stücke schneiden und mit den gekochten Schalenstreifen (mit dem Kochwasser), ¼ l Weißwein und 1 kg Gelierzucker in einem entsprechend großen Topf unter Rühren zum Kochen bringen. 4 Minuten sprudelnd kochen lassen, heiß in vorbereitete Gläser füllen und verschließen.
Die Menge ergibt etwa 8 Gläser (je ¼ l Inhalt).

Mein Tip: Wenn Sie ganz sicher gehen wollen, machen Sie eine Gelierprobe. Einen Tropfen Marmelade vom Kochlöffel auf einen gut gekühlten Teller fallen lassen. Wenn er sofort geliert, also als runde Perle erstarrt, ohne zu zerfließen, dann ist der richtige Gargrad erreicht. Wenn man ein Zuckerthermometer hat, kann man die Probe auch damit machen: bei den meisten Fruchtsorten muß es 105 °C anzeigen; manches Obst, zum Beispiel rote Johannisbeeren oder grüne Äpfel, geliert schon bei 102 °C.

Ananaskonfitüre

Im Bild hinten

Nur wirklich reife Früchte taugen für eine gute Konfitüre. Sie müssen fruchtig und süß schmecken. Erkennen kann man den idealen Reifegrad an der goldenen Farbe, die Kelchblätter lassen sich dann leicht herausziehen und – eine wirklich reife Ananas duftet wunderbar.

Zutaten für etwa 8 Gläser
(je ¼ l Inhalt):
1 kg Ananasfruchtfleisch
(entspricht etwa 1800 g
frischer Frucht)
Saft von 1 Zitrone
1 kg Zucker
5 g Zitronensäure
1 Flasche flüssiges Geliermittel

Zubereitungszeit: 40 Minuten
Zeit zum Durchziehen: 3–4 Stunden

Die Ananas mit einem scharfen Messer schälen, aber nicht zu großzügig, sondern lieber die im Fruchtfleisch verbliebenen »Augen« anschließend mit einem spitzen Obstmesser herausstechen. Den dabei herauslaufenden Saft auffangen. Die Frucht vierteln und den holzigen Strunk ausschneiden. Das Fruchtfleisch abwiegen, dann in kleine Stücke schneiden. Mit dem Zitronensaft, dem Zucker und der Zitronensäure mischen und 3–4 Stunden durchziehen lassen.

Die Fruchtmischung unter Rühren zum Kochen bringen. Das flüssige Geliermittel zufügen und 10 Sekunden sprudelnd kochen lassen. Die Konfitüre noch heiß in vorbereitete Gläser füllen und verschließen.

Kiwikonfitüre

Im Bild vorne

Zutaten für etwa 8 Gläser
(je ¼ l Inhalt):
850 g reifes Kiwifruchtfleisch
(entspricht etwa 1 kg Kiwis)
1 Orange
1 Limette
1 kg Gelierzucker
2 cl Cointreau (Orangenlikör)

Zubereitungszeit: 35 Minuten
Zeit zum Durchziehen: 10–12 Stunden

Die Kiwis so dünn wie möglich schälen und in Stücke schneiden. Die Orange und die Limette auspressen. Den Saft mit den Kiwistücken (zusammen 1 kg) in eine Schüssel geben und mit dem Gelierzucker mischen. 10–12 Stunden durchziehen lassen.
Die Fruchtmischung unter Rühren zum Kochen bringen und 1 Minute sprudelnd kochen lassen. Den Cointreau zugießen und umrühren. Die Konfitüre sofort in vorbereitete Gläser füllen und verschließen.

Variante: »Exoten«-Konfitüre

1 mittelgroße, reife Ananas schälen und die im Fruchtfleisch verbliebenen »Augen« mit einem Messer herausstechen. Die Frucht vierteln und den holzigen Strunk herausschneiden. Dabei den Saft auffangen. 1 reife Papaya schälen, halbieren und die Kerne mit einem Löffel entfernen. 1 große, reife Mango ebenfalls schälen, dann am Stein entlang oben und unten abschneiden. Den am Stein verbliebenen Rand von Fruchtfleisch ebenfalls abschneiden. Über der Schüssel arbeiten, damit der kostbare Saft aufgefangen wird. Das Fleisch der drei Früchte hacken, abwiegen und mit Gelierzucker im Verhältnis 1:1 zur Fruchtmenge sowie dem Saft von 1 Limette oder Zitrone unter Rühren zum Kochen bringen. 1 Minute sprudelnd kochen lassen, in vorbereitete Gläser füllen und verschließen.
Die Menge ergibt 8–12 Gläser (je ¼ l Inhalt) je nach Größe der Früchte.

Das Entsaften

Es gibt viele Methoden, Fruchtsaft herzustellen, vor allem mit elektrischen Hilfsgeräten. Ich habe mich für zwei entschieden, die bei den meisten Obstsorten einen möglichst klaren Saft erbringen. Erstens ist da die Möglichkeit mit dem »umgedrehten Stuhl« zu nennen. Über die Beine eines umgedrehten Hockers ein Leinentuch spannen und festbinden. Das eingeweichte oder vorgekochte Obst mit der Flüssigkeit in das Tuch füllen. Der Saft läuft ohne Einwirkung von irgendwelchen Geräten, nur durch das Eigengewicht des Obstes, durch das Tuch in einen daruntergestellten Topf. Die andere Methode ist das Dampfentsaften, einfach, sicher und mit guter Ausbeute.
Daß nur einwandfreies Obst gerade gut genug ist, gilt auch für das Entsaften. Darüber hinaus soll es hierfür aber auch so reif wie möglich sein.

Bild 1: In das untere Gefäß des Entsafters wird Wasser gegossen, das dann durch Erhitzen als Dampf nach oben steigt.

Bild 2: Der obere Teil des Entsafters (das Saftauffanggerät) wird mit dem Obst und dem Zucker gefüllt. Wieviel Zucker Sie für die einzelnen Obstsorten brauchen, lesen Sie in der nebenstehenden Tabelle. Soll der Saft zu Gelee verarbeitet werden, müssen Sie ohne Zucker entsaften.

Bild 3: Die Flaschen werden mit den Deckeln und Ringen oder Gummikappen in kochendem Wasser sterilisiert und müssen auf einem Tuch ablaufen.

Bild 4: Der Saft wird aus dem Entsafter direkt in die Flaschen gezapft.

Bild 5: Beim Verschließen der Flaschen darauf achten, daß die Ränder absolut sauber sind. Sie werden, je nach Modell, mit Gummikappen verschlossen oder, wie die Rundrand-Einkochgläser, mit Gummiringen, Glasdeckeln und Klammern.

Bild 6: Die sofort verschlossenen Fruchtsaftflaschen wie üblich etikettieren und an einem trockenen, dunklen Platz lagern.

Mein Tip: Elektrische Entsafter sind eine ideale und praktische Hilfe zur Herstellung von rohen Säften, auch in sehr kleinen Mengen. Die Geräte werfen die festen Rückstände aus, und die Saftausbeute ist vor allem bei festen Früchten, wie zum Beispiel Äpfeln, Birnen, Karotten, Sellerie und so weiter, ganz besonders hoch. Das Obst oder Gemüse muß nur sorgfältig geputzt und gewaschen werden und kann dann, grob zerschnitten, mit Schalen und Kernen, entsaftet werden. Dabei bleiben dem Saft die wertvollen Bestandteile, die meist in oder unter der Schale stecken, erhalten. Ein vollständig klares Gelee erhält man aus diesen Säften nicht, aber wenn es auch etwas trüb ist, so schmeckt es doch besonders fein.

Wieviel Zucker Sie brauchen:

Entsaftungsgut	Zucker je kg Früchte
Äpfel reif/unreif	20–50 g
Birnen	50 g
Brombeeren	100 g
Erdbeeren	50 g
Heidelbeeren	100 g
Himbeeren	50 g
Holunderbeeren	80 g
Johannisbeeren, rot	100 g
Johannisbeeren, schwarz	150 g
Süßkirschen	50 g
Sauerkirschen	100 g
Pflaumen	100 g
Pfirsiche	50 g
Preiselbeeren	100 g
Quitten	100 g
Rhabarber	100 g
Stachelbeeren	100 g
Weintrauben	50 g
Zwetschgen	80 g

Tabelle aus: Weck-Einkochbuch (J. Weck GmbH) 1983.

Johannisbeersaft

Im Bild vorne

Bei der Zubereitung von Obstsäften kann man zwischen zwei Möglichkeiten wählen. Für einen trinkfertigen Saft muß die Zuckermenge so gering wie möglich gehalten werden. Die Tabelle auf Seite 51 nennt die Mindestmengen an Zucker.
Will man aber einen sirupähnlichen Fruchtsaft einkochen, den man dann später mit Wasser, Mineralwasser oder gar mit Weißwein oder Sekt mischen kann, dann muß man dafür, wie bei den Beispielen Johannisbeersaft und Himbeersaft, wesentlich mehr Zucker zusetzen. Johannisbeeren, Brombeeren, Himbeeren oder Sauerkirschen eignen sich dafür besonders gut.

Zutaten für etwa 8 Flaschen (je ½ l Inhalt):
4 kg rote Johannisbeeren
2 l Wasser
etwa 2 kg Zucker
1 Päckchen Einmachhilfe nach Belieben

Zubereitungszeit: 1 Stunde

Die Johannisbeeren verlesen, waschen und gut abtropfen lassen. Mit den Stielen in einen Kochtopf geben, mit einem Stampfer zerdrücken und mit dem Wasser aufkochen. Die gekochten Früchte auf ein zwischen Stuhlbeine gespanntes Safttuch geben und ablaufen lassen. Den gewonnenen Saft abmessen, mit dem Zucker verrühren (höchstens 650 g Zucker auf 1 l Saft nehmen, da Johannisbeersaft leicht geliert). Den Saft einmal aufkochen lassen, abschäumen und nach Belieben – um die Haltbarkeit zu verbessern – die Einmachhilfe einrühren. Heiß in vorbereitete Flaschen füllen und verschließen.
Sie können die Beeren auch nach der Methode von Seite 51 dampfentsaften.

Variante: Himbeersaft

Sie brauchen dafür 2 kg frische, reife Himbeeren, ½ l Wasser und 800 g Zucker. Die Zubereitung ist identisch mit der Zubereitung von Johannisbeersaft. Einmachhilfe kann man zusetzen, ist aber wie beim Johannisbeersaft nicht zwingend notwendig.

Pfirsichsaft

Im Bild rechts

Zutaten für etwa 5 Flaschen (je ½ l Inhalt):
4 kg Pfirsichfruchtfleisch (entspricht etwa 4300 g ganzen Früchten)
200 g Zucker

Zubereitungszeit: 1 Stunde und 10 Minuten

Die Pfirsiche waschen, abtrocknen, halbieren und die Steine entfernen. Die Früchte in den Siebkorb des Entsafters geben, mit dem Zucker bestreuen und über Wassertopf und Saftkessel setzen. Den Deckel auflegen. Das Wasser im Entsafter zum Kochen bringen, dann die Hitze reduzieren, so daß das Wasser nur noch leise siedet. Nach etwa 45 Minuten den heißen Pfirsichsaft in vorbereitete Flaschen abzapfen und sofort verschließen.

Zwetschgensaft

Im Bild hinten

Zwetschgensaft ebenso wie Pfirsichsaft zubereiten. Pro 1 kg Fruchtfleisch 80 g Zucker zugeben.

Johannisbeergelee mit Sherry

Im Bild hinten

Zutaten für etwa 3 Gläser (je ½ l Inhalt):
1 kg rote Johannisbeeren
⅛ l Wasser
50 g Zucker
Gelierzucker im Verhältnis 1 : 1 zum gewonnenen Saft
⅛ l Cream Sherry

Zubereitungszeit: 40 Minuten

Die Johannisbeeren waschen, gut abtropfen lassen, dann mit dem Wasser und dem Zucker unter Rühren aufkochen. Die Früchte mit dem Saft in ein Safttuch schütten (siehe Seite 51), gut ablaufen lassen, aber nicht stark pressen, weil das Gelee dadurch etwas trüb wird; der Geschmack wird nicht beeinträchtigt. Die Saftmenge abmessen, die gleiche Menge Gelierzucker und den Sherry zufügen. Die Mischung 2–3 Minuten sprudelnd kochen lassen. Das Gelee heiß in vorbereitete Gläser füllen und verschließen.

Variante: Johannisbeer-Himbeer-Gelee mit Portwein

½ l roten Johannisbeersaft, ½ l Himbeersaft und ⅛ l Portwein mit 1 125 g Gelierzucker 2–3 Minuten sprudelnd kochen lassen. Heiß in vorbereitete Gläser füllen und verschließen.
Die Menge ergibt 8–9 Gläser (je ¼ l Inhalt).

Johannisbeergelee mit Orangensaft

Im Bild vorne

Zutaten für etwa 8 Gläser (je ¼ l Inhalt):
¾ l Saft von roten Johannisbeeren, wie nebenstehend gewonnen
¼ l frisch ausgepreßter Orangensaft
Saft von 1 Zitrone
1 kg Gelierzucker

Zubereitungszeit: 50 Minuten

Allen Fruchtsaft mit dem Gelierzucker in einen entsprechend großen Topf geben und 2–3 Minuten sprudelnd kochen lassen. Heiß in vorbereitete Gläser füllen und verschließen.

Variante: Johannisbeer-Himbeer-Gelee

½ l roten und ½ l schwarzen Johannisbeersaft mit 1 l Himbeersaft, dem Saft von 1 Limette und 1 Stück Zimtstange sowie 2 kg Gelierzucker 2–3 Minuten sprudelnd kochen lassen. Die Zimtstange wieder entfernen. Das Gelee heiß in die vorbereiteten Gläser füllen und verschließen.
Die Menge ergibt etwa 16 Gläser (je ¼ l Inhalt).

Variante: Stachelbeergelee mit Orangensaft

Das Gelee schmeckt ganz besonders fein, wenn man die Schale von 2 Orangen mitkocht. Dafür muß man aber wirklich unbehandelte Früchte (aus dem Reformhaus) bekommen. 1 l Stachelbeersaft mit ⅛ l Orangensaft und 1 250 g Gelierzucker mischen. 2 unbehandelte Orangen unter fließendem warmem Wasser kräftig abbürsten und mit einem Obstmesser die Schale spiralförmig hauchdünn abschneiden. Die Schale mit dem Saft 2 Minuten sprudelnd kochen lassen, dann wieder herausnehmen. Das Gelee heiß in die vorbereiteten Gläser füllen und verschließen.
Die Menge ergibt 9–10 Gläser (je ¼ l Inhalt).

CREAM

Brombeergelee

Im Bild links

Zutaten für 10–12 Gläser
(je ¼ l Inhalt):
2 kg Brombeeren · ¼ l Wasser
Saft von 1 Zitrone
1 500 g Gelierzucker

Zubereitungszeit: 50 Minuten

Die Brombeeren verlesen und, wenn nötig, entstielen. Nur waschen, falls unbedingt erforderlich (zum Beispiel, wenn sie nicht selbst gepflückt wurden), und wieder abtrocknen lassen. Die Beeren in einen entsprechend großen Kochtopf geben, etwas zerdrücken und mit dem Wasser unter Rühren bis zum Siedepunkt erhitzen. Sie sollen aber nicht kochen. Das Fruchtmus in einem Safttuch ablaufen lassen oder mit dem Dampfentsafter (aber ohne Wasserzugabe) entsaften. Es sollen 1¼ l Saft werden. Diesen mit dem Zitronensaft und dem Gelierzucker zum Kochen bringen. 1 Minute sprudelnd kochen lassen und heiß in vorbereitete Gläser füllen und sofort verschließen.

Variante: Brombeer-Birnen-Gelee

Die Zubereitung ist die gleiche wie beim vorangegangenen Rezept. Man verwendet für dieses Gelee Birnen und Brombeeren zu gleichen Teilen.

Apfelgelee

Im Bild hinten

Zutaten für etwa 8 Gläser
(je ½ l Inhalt):
3 kg reife, säuerliche Äpfel
200 g Zucker
Saft von 1 Zitrone
2 200 g Gelierzucker

Zubereitungszeit: 1 Stunde und 30 Minuten

Die Äpfel waschen, von Stiel, Blüte und, wenn nötig, von schlechten Stellen befreien und mit dem Kernhaus in Stücke schneiden. Die Stücke im Dampfentsafter mit dem Zucker entsaften. Die Menge sollte etwa 2 l Saft ergeben. Den Apfelsaft mit dem Zitronensaft und dem Gelierzucker 1 Minute sprudelnd kochen lassen und heiß in vorbereitete Gläser füllen und sofort verschließen.

Pfefferminzgelee

Im Bild vorne

Ganz frische Minze eignet sich nicht so gut für Gelee. Man sollte die Blätter einige Tage antrocknen lassen. Sie geben dann mehr Aroma ab.

Zutaten für 10–12 Gläser
(je ¼ l Inhalt):
30 g Pfefferminzblätter,
2–3 Tage getrocknet
1½ l Wasser
1 l Apfelsaft aus sauren,
unreifen Äpfeln
Saft von 2 Zitronen
1 500 g Gelierzucker

Zubereitungszeit: 1 Stunde

Die Pfefferminzblätter mit dem kochenden Wasser überbrühen und 8–10 Minuten ziehen lassen. Den Sud abseihen und mit dem Apfelsaft, dem Zitronensaft und dem Gelierzucker zum Kochen bringen. 1 Minute sprudelnd kochen lassen. Noch heiß in vorbereitete Gläser füllen und verschließen.

Orangengelee

Im Bild hinten links

Gelee aus Zitrusfrüchten gehört zum feinsten und schon deshalb lohnt es sich, es selbst zu machen. Wenn Schalen mitverwendet werden, ist allerdings größte Vorsicht geboten. Kaufen Sie grundsätzlich nur unbehandelte Früchte (was natürlich schwer nachzuprüfen ist). Das beste Angebot haben erfahrungsgemäß die Reformhäuser. Zusätzlich müssen die Früchte dann noch mit einer kräftigen Bürste unter fließendem, heißem Wasser gereinigt werden. Die folgenden Geleerezepte gehen vom Saft der Zitrusfrüchte aus, weil die Ergiebigkeit zu unterschiedlich ist.

Zutaten für etwa 8 Gläser (je ¼ l Inhalt):

1 l frischgepreßter Orangensaft (entspricht etwa 15 ganzen Früchten)
1 200 g Gelierzucker

Zubereitungszeit: 40 Minuten

6 Orangen heiß waschen und abbürsten. Mit einem scharfen Obstmesser die Schale dünn abschälen und in feine Streifchen schneiden. Die Streifen in Wasser 10 Minuten kochen und abseihen. Den Orangensaft durch ein ganz feines Sieb geben, dann in einem entsprechend großen Topf mit dem Gelierzucker erhitzen und 3 Minuten sprudelnd kochen lassen. Wenn nötig, abschäumen und die gehackten Schalenstreifen zugeben. Nochmals 1 Minute kochen. Das Gelee heiß in vorbereitete Gläser füllen und verschließen.

Variante: Blutorangengelee

Sie brauchen dazu 1 l frischgepreßten Saft von Blutorangen (15–20 Stück sind dafür nötig), den Saft von 2 Limetten und 1 250 g Gelierzucker. Die Zubereitung ist identisch mit der des vorangegangenen Rezeptes, jedoch werden keine Schalen verwendet. Hinzu kommt der Limettensaft, dessen feines Aroma sich gut mit dem der Blutorangen verträgt.
Die Menge ergibt etwa 8 Gläser (je ¼ l Inhalt).

Limettengelee

Im Bild vorne

Zutaten für 10–12 Gläser (je ¼ l Inhalt):

¼ l Zitronensaft (entspricht etwa 8 ganzen Früchten)
¼ l Limettensaft (entspricht etwa 10 ganzen Früchten)
¾ l Wasser
1 700 g Zucker
1 Normalflasche flüssiges Geliermittel

Zubereitungszeit: 40 Minuten

Den frischgepreßten Saft der Zitronen und Limetten durch ein feines Sieb in den Kochtopf gießen und den Zucker zusetzen. Unter Rühren zum Kochen bringen und 1 Minute sprudelnd kochen lassen. Das Geliermittel zugießen und alles nochmals 10 Sekunden kochen lassen. Das Gelee heiß in vorbereitete Gläser füllen und sofort verschließen.

imt-Zwetschgen
taten für 2 Gläser mit
l Inhalt: 1 kg Zwetschgen,
l Rotwein, 4 EL Zucker, 1 TL
kuchengewürz, 4 Zimtstangen.
bereitung: Die Zwetschgen waschen
d mit einem scharfen Messer halbieren
d entsteinen. Rotwein und Gewürze in
en Topf geben, aufkochen lassen und bei klei-
Hitze 5 Min. köcheln lassen. Die Zwetschgen mit den
würzen in die Gläser schichten und mit dem heißen Sud
ergießen, sofort verschließen. Die Zwetschgen an einem
len, dunklen Ort mindestens 2 Tage ziehen lassen. Als De-
ation können Sie die Gläser mit einem Stoffband umwi-
ln und mit Zimtstangen dekorieren.

Quittengelee

Im Bild vorne

Zutaten für etwa 8 Gläser (je ¼ l Inhalt):
2 kg reife Quitten
1,2 l Wasser
1 kg Zucker
10 g Zitronensäure
1 Normalflasche flüssiges Geliermittel

Zubereitungszeit: 1 Stunde und 10 Minuten

Von den Quitten mit einem Küchentuch den weißen Flaum abreiben. Die Früchte waschen, Stiel und Blütenansatz herausschneiden. Die Früchte vierteln, dann in Stücke schneiden, nachwiegen (es müssen 1 500 g sein) und in einen Kochtopf geben. Mit dem Wasser zum Kochen bringen und weich kochen. Den Saft mit einem Dampfentsafter gewinnen oder die Früchte in einem Safttuch ablaufen lassen. Die Menge müßte etwa 900 ml Saft ergeben. Den Quittensaft mit dem Zucker und der Zitronensäure etwa 1 Minute sprudelnd kochen lassen. Das flüssige Geliermittel zufügen und noch 1 Minute durchkochen. Das Gelee heiß in vorbereitete Gläser füllen und sofort verschließen.

Quitten-Himbeer-Gelee

Im Bild hinten

Zutaten für etwa 12 Gläser (je ¼ l Inhalt):
½ l Quittensaft
½ l Himbeersaft
⅜ l trockener Rotwein
1 500 g Gelierzucker
einige frische Pfefferminzblättchen

Zubereitungszeit: 1 Stunde und 30 Minuten

Den Quittensaft nach der Methode vom vorangegangenen Rezept bereiten. Man braucht dafür knapp 1 kg Quitten. Den Himbeersaft kalt auspressen oder mit einem Dampfentsafter gewinnen. Die beiden Fruchtsäfte mit dem Rotwein und der Hälfte des Gelierzuckers zum Kochen bringen. Wenn nötig abschäumen. Den restlichen Gelierzucker und die gehackten Pfefferminzblättchen zugeben und 2 Minuten sprudelnd kochen lassen. Das Gelee noch heiß in vorbereitete Gläser füllen und sofort verschließen.

Variante: Quitten-Holunder-Gelee

Wie im vorangegangenen Rezept ½ l Quittensaft und dazu 1 l Holundersaft herstellen. Die Schale von 1 Zitrone (Schale unbehandelt) ganz dünn abschälen und zu den beiden Fruchtsäften geben. Mit 1 Zimtstange, 2 Nelken und 1 500 g Gelierzucker in einem entsprechend großen Topf zum Kochen bringen und 1 Minute sprudelnd kochen lassen. Die Zitronenschale und die Gewürze wieder entfernen. Das Gelee heiß in vorbereitete Gläser füllen und verschließen.
Die Menge ergibt etwa 12 Gläser (je ¼ l Inhalt).

Senfgurken

Im Bild links

Zutaten für 10–11 Gläser (je ¼ l Inhalt):

2 kg reife Gemüsegurken (Freiland)
3 gestrichene Eßl. Salz
100 g kleine Frühlingszwiebeln
1 rote Paprikaschote
2 Eßl. gelbe Senfkörner
¼ l feiner Weinessig
½ l Wasser
250 g Zucker

Zubereitungszeit: 40 Minuten
Zeit zum Durchziehen: 24 Stunden
Einkochzeit: 30 Minuten

Die Gurken sorgfältig schälen, damit keine dunklen Schalenreste daran bleiben, und der Länge nach durchschneiden. Mit einem Löffel die Kerne herauslösen und die Gurken in etwa 5–6 cm lange Stücke schneiden. Die Stücke in eine Schüssel geben, mit 2 Eßlöffeln Salz bestreuen und mit Wasser übergießen, so daß sie gerade bedeckt sind. 24 Stunden an einem kühlen Platz zugedeckt durchziehen lassen.
Die Gurkenstücke in einem Durchschlag abgießen und sehr gut abtropfen lassen. Die Zwiebeln putzen und in Stücke schneiden. Die Paprikaschote waschen, von Kernen und weißen Rippen befreien und in kleine Würfel schneiden. Die Gurken mit den Zwiebelstücken, den Paprikawürfeln und den Senfkörnern in vorbereitete Gläser schichten. Den Essig und das Wasser mischen. Mit 1 Eßlöffel Salz und dem Zukker aufkochen, bis der Zucker geklärt ist. Den Sud über die Gurken gießen. Die Gläser vorschriftsmäßig verschließen und die Gurken bei 90 °C 30 Minuten einkochen.

Feine Essiggurken

Im Bild rechts

Bei den kleinen Einlegegurken ist es besonders wichtig, daß nur einwandfreie Qualität verwendet wird: sie sollen reif, aber trotzdem fest und knackig sein. Außerdem müssen Sie auf unbedingte Sauberkeit achten. Beim Einlegen in Essig verhindert zwar schon die Säure, daß sich Fäulnisbakterien ausbreiten, aber man sollte zusätzlich durch absolut saubere Arbeit die Keime an der Vermehrung hindern. Zusätzliches Sterilisieren der Gläser ist nicht unbedingt notwendig, garantiert aber längere Haltbarkeit des Einlegegutes.

Zutaten für etwa 7 Gläser (je 1 l Inhalt):

4 kg Einlegegurken von möglichst gleicher Größe
60 g Salz
einige Estragonzweige
einige Dillzweige
einige Dillkronen (Dolden)
1 Teel. Pfefferkörner
1 Teel. Pimentkörner
1½ l Weinessig
1½ l Wasser
½ Eßl. Salz
250 g Zucker
eventuell 1 Päckchen Einmachhilfe

Zubereitungszeit: 1 Stunde und 20 Minuten
Zeit zum Durchziehen: 24 Stunden

Die Gurken unter fließendem Wasser abbürsten, mehrmals mit einer Nadel einstechen und in eine Schüssel geben. Mit 60 g Salz bestreuen und mit Wasser begießen, so daß sie gerade bedeckt sind. 24 Stunden stehenlassen.
Das Salzwasser abgießen. Die Gurken nochmals waschen und auf einem Tuch abtrocknen lassen. Mit den Kräutern und Gewürzen in vorbereitete Gläser oder Steintöpfe füllen. Den Essig mit dem Wasser, ½ Eßlöffel Salz und dem Zucker aufkochen und heiß über die Gurken gießen. Man kann ein Päckchen Einmachhilfe unter die Flüssigkeit rühren, das erhöht die Haltbarkeit. Die Gläser gut verschließen und kühl stellen.

Balkangemüse

Eine pikante, aber leichte Beilage für alles, was etwas Schärfe verträgt. Neben Schweine- und Lammfleisch paßt das Gemüse auch vortrefflich zu gebratenem Fisch.

Zutaten für 2 Gläser (je ½ l Inhalt):
1 kg Paprikaschoten, rot, grün und gelb gemischt
200 g kleine Zwiebeln
1 Eßl. gehackte Petersilie
1 Teel. weiße Pfefferkörner
1 Teel. Salz
¼ l guter Weinessig
½ l Wasser
2 Knoblauchzehen
2–3 frische Peperoni
2 getrocknete Lorbeerblätter

Zubereitungszeit: 40 Minuten
Einkochzeit: 1 Stunde

Die Paprikaschoten im Backofen bei 220 °C so lange braten, bis sich die Haut fast schwarz färbt und Blasen bekommt. Man kann die Schoten auch auf eine Gabel gesteckt über einer Gasflamme drehen, bis die Haut Blasen wirft. Die Haut abziehen, Stiel, Kerne und weiße Rippen entfernen und die Schoten in breite Streifen schneiden. Die Zwiebeln schälen (wenn sie zu groß sein sollten, dann halbieren oder vierteln) und mit den übrigen Gewürzen sowie dem Essig und dem Wasser zum Kochen bringen und etwa 10 Minuten leise köcheln lassen. Die Knoblauchzehen schälen und feinhacken. Die Peperoni längs halbieren, die Kerne entfernen und die Schoten in feine Streifen schneiden. Die Streifen mit dem Knoblauch und den Lorbeerblättern in den Sud geben.
In vorbereitete Gläser die Paprikastreifen gut gemischt einschichten und mit dem Sud und Gewürzen auffüllen. Die Gläser vorschriftsmäßig verschließen und das Gemüse bei 100 °C 60 Minuten einkochen.

Variante: Bohnengemüse süß-sauer

2 kg frische, junge grüne Bohnen sorgfältig putzen, ebenso 500 g frische junge Möhren, und diese in kleine Würfel schneiden. 1 kleine Zwiebel schälen und so fein wie möglich hacken. Alles zusammen in einen entsprechend großen Kochtopf geben, Wasser angießen, so daß die Zutaten gerade bedeckt sind, und etwa 5–6 Minuten sprudelnd kochen lassen. Dann das Gemüse sofort in einen Durchschlag gießen. In vorbereitete Gläser füllen. ¼ l Wasser und ¾ l Weinessig mit ½ Teelöffel Salz und 750 g Zucker aufkochen, bis der Zucker geklärt (völlig aufgelöst) ist. Den Sud heiß über das Gemüse gießen. Die Gläser vorschriftsmäßig verschließen und das Gemüse bei 100 °C 60 Minuten einkochen.
Die Menge ergibt etwa 3 Gläser (je 1 l Inhalt).

Variante: Ungarische Paprikaschoten

1 kg rote und 500 g grüne Paprikaschoten waschen, halbieren und die Stielansätze herausschneiden. Die Kerne und weißen Rippen sorgfältig entfernen. Die Schoten in breite Streifen schneiden. 150 g Zwiebeln schälen und grob zerschneiden. ¼ l feines Pflanzenöl in einer großen Pfanne erhitzen und die Paprikaschoten sowie die Zwiebeln darin glasig braten. Herausnehmen und in einem Sieb ablaufen lassen. Die Flüssigkeit mit ¼ l feinem Rotweinessig, 1 geschälten und gehackten Knoblauchzehe, ½ Teelöffel Pfefferkörnern, ½ Teelöffel frischem, gehacktem Thymian, 1 Teelöffel Zucker, 2 Teelöffeln Salz und 1 Teelöffel frischem, geriebenem Meerrettich einmal aufkochen. Die Paprikaschoten mit den Zwiebeln in Gläser schichten und mit der Flüssigkeit übergießen. Mit Deckeln oder Cellophan verschließen oder, wenn sie besonders lange halten sollen, in Einkochgläsern bei 100 °C 50 Minuten einkochen.
Die Menge ergibt etwa 4 Gläser (je ½ l Inhalt).

Rote Rüben in Würzessig

Zutaten für etwa 4 Gläser (je ½ l Inhalt):
2500 g rote Rüben/rote Bete, ohne Kraut gewogen
½ l Wasser
0,7 l bester Weinessig
2 mittelgroße Zwiebeln
2 getrocknete Lorbeerblätter
2 Teel. Koriander
1 Teel. Pfefferkörner
5 Pimentkörner
1 Teel. Salz
1 Eßl. Zucker

Zubereitungszeit: 1 Stunde
Zeit zum Durchziehen: über Nacht
Einkochzeit: 30 Minuten

Die roten Rüben sorgfältig waschen und in einem entsprechend großen Topf weich kochen. Eine genaue Zeitangabe ist wegen der unterschiedlichen Größen der Rüben nicht möglich. Man kann aber mit einer Nadel prüfen, ob sie weich genug sind. Die Rüben in kaltem Wasser abschrecken und die Haut abziehen. Mit einem scharfen Messer (noch besser mit dem Buntmesser) in gleichmäßig starke Scheiben schneiden. Die Scheiben in eine Schüssel geben und mit dem Wasser und dem Weinessig übergießen. Die Zwiebeln schälen und in Ringe schneiden. Mit den Lorbeerblättern, 1 Teelöffel Koriander, den Pfeffer- und den Pimentkörnern (in einen Mullbeutel gebunden) zu den roten Rüben geben und über Nacht durchziehen lassen.
Am nächsten Tag die Flüssigkeit abseihen und mit dem Gewürzbeutel etwa 4–5 Minuten kochen lassen. Anschließend das Salz und den Zucker zufügen. Die roten Rüben mit den Zwiebelringen und 1 Teelöffel Koriander in vorbereitete Gläser füllen und mit der heißen Flüssigkeit auffüllen. Die Gläser vorschriftsmäßig verschließen und die Rüben bei 100 °C 30 Minuten einkochen.

Variante: Rote Rüben süß-sauer

Das Rezept ist identisch mit dem vorangegangenen, jedoch werden statt Wasser und Essig 1 l feiner Weinessig und dazu 600 g brauner Zucker verwendet. Der Sud kann wie oben gewürzt werden.

Variante: Grüne Tomaten süß-sauer

1 250 g grüne Tomaten trocken abreiben, die Blütenkelche entfernen und die Früchte mit einer Nadel mehrmals einstechen. 3 l Wasser mit 2 Eßlöffeln Salz aufkochen, die Tomaten hineingeben und einmal kurz aufwallen lassen. Vom Herd nehmen und zugedeckt 2 Minuten ziehen lassen. Dann die Tomaten mit einer Siebkelle herausnehmen, gut abtropfen lassen und in vorbereitete Gläser schichten. ½ l Weinessig mit 600 g Zucker, 1 Eßlöffel weißen Pfefferkörnern, 2 zerbröckelten Zimtstangen und 8 Nelken erhitzen. 2 Ingwerknollen (in Sirup eingelegt) in Würfel schneiden und mit 2 Eßlöffeln Ingwersirup in die Flüssigkeit geben. Aufkochen und sofort mit den Gewürzen über die Tomaten geben, bis diese ganz bedeckt sind. Die Gläser verschließen. Man kann die grünen Tomaten zusätzlich wie die roten Rüben einkochen.
Die Menge ergibt 4–5 Gläser (je ½ l Inhalt).

Kürbis mit Ingwer

Im Bild vorne

Bei Kürbis müssen Sie das Rohgewicht reichlich bemessen. In den folgenden Rezepten wird von vorbereitetem Kürbis ausgegangen, damit das Verhältnis zu den anderen Zutaten stimmt. Also zunächst den Kürbis in Spalten teilen, diese großzügig schälen, die Kerne und das weiche Innere herausschneiden.

Zutaten für etwa 6 Gläser
(je ¼ l Inhalt):
1 kg vorbereiteter Kürbis
1 Stück frischer Ingwer
(etwa 20 g)
¼ l Weinessig
1 Messerspitze Cayennepfeffer
500 g Zucker

Zubereitungszeit: 45 Minuten
Zeit zum Durchziehen: 24 Stunden

Den Kürbis in 2 cm große Würfel schneiden. Den Ingwer schälen, in dünne Scheibchen schneiden und unter den Kürbis mischen. Den Essig mit dem Cayennepfeffer aufkochen und über den Kürbis gießen. Zugedeckt 24 Stunden stehen lassen.
Den Essig abgießen und mit dem Zucker aufkochen. Den Kürbis mit Ingwer dazugeben und kochen, bis die Kürbisstücke glasig sind. Noch heiß in vorbereitete Gläser füllen und verschließen.

Kürbis mit Orange

Im Bild hinten links

Zutaten für etwa 8 Gläser
(je ¼ l Inhalt):
1 kg vorbereiteter Kürbis
3 große Orangen
(Schale unbehandelt)
750 g Zucker
½ l Zitronenessig

Zubereitungszeit: 1 Stunde
Zeit zum Durchziehen: über Nacht

Den Kürbis in 2 cm große Würfel schneiden. Die Orangen waschen und abtrocknen. Von 1 Orange die Schale hauchdünn abschneiden und in Streifen schneiden.
Alle Orangen sorgfältig schälen (alles Weiße entfernen) und das Fruchtfleisch würfeln. Die Kürbis- und die Orangenwürfel mit der Orangenschale mischen. 375 g Zucker und ¼ l Essig darübergeben und alles zugedeckt über Nacht ziehen lassen.
Den Saft, der sich dabei bildet, abgießen, mit 375 g Zucker und ¼ l Essig aufkochen, dann bei mäßiger Hitze unter ständigem Rühren und Abschäumen so lange kochen, bis die Flüssigkeit geklärt ist. Das Fruchtfleisch hineingeben und kochen, bis es glasig ist. Noch heiß in vorbereitete Gläser füllen und verschließen.

Kürbis süß-sauer

Im Bild hinten rechts

Zutaten für etwa 6 Gläser
(je ¼ l Inhalt):
1 kg vorbereiteter Kürbis
¼ l Zitronenessig
1 Zimtstange
5 Nelken
Schale von 1 Zitrone
(Schale unbehandelt)
500 g Zucker

Zubereitungszeit: 40 Minuten
Zeit zum Durchziehen: 24 Stunden

Den Kürbis in 2 cm große Würfel schneiden. Den Essig mit den Gewürzen und der Zitronenschale aufkochen und über den Kürbis gießen. Zugedeckt 24 Stunden stehen lassen.
Den Essig abgießen und mit dem Zucker aufkochen. Den Kürbis in die Flüssigkeit geben und kochen, bis er glasig ist. Noch heiß in vorbereitete Gläser füllen und verschließen.

Fruchtpunsch »Martinique«

Dieser Fruchtpunsch (der natürlich keiner ist, sondern es sind Früchte in Rum) stammt aus Französisch-Westindien. Erfunden hat ihn der Wirt eines kleinen Hafenrestaurants von Fort de France. Er fand vermutlich den obligatorischen »Petit Punch« der Insel (aus 2 Teilen Rum, 1 Teil Zuckerrohr und Wasser, nach Wunsch mit einem Spritzer Limettensaft) zu vulgär, und so hat er diesen Traum von exotischen Früchten mit Rum kreiert.

Zutaten für etwa 2 Gläser (je 1 l Inhalt):
1 große Ananas von mindestens 1 kg
2 Orangen (Schale unbehandelt)
2 Limetten (Schale unbehandelt)
½ Zitrone (Schale unbehandelt)
250 g Zucker
1 Stück Zimtstange
4 Eßl. Wasser
0,7 l brauner Rum (54% Vol.)

Zubereitungszeit: 45 Minuten

Die Ananas schälen, vierteln und den holzigen Strunk herausschneiden. Eventuell im Fruchtfleisch verbliebene »Augen« mit einem spitzen Messer entfernen. Das Fruchtfleisch in Stücke teilen. Die Orangen, die Limetten und die Zitrone unter heißem Wasser sehr gut abbürsten und in Scheiben schneiden. Den Zucker mit der Zimtstange und dem Wasser aufkochen, bis der Zucker geklärt ist. Dann die Früchte hineingeben. Etwas abkühlen lassen. Den Rum darunterrühren und vollständig erkalten lassen. Den Fruchtpunsch in vorbereitete Gläser füllen und gut verschließen. Mindestens 2–3 Wochen ziehen lassen und alle 2–3 Tage einmal kräftig durchschütteln. Dunkel gestellt aufbewahren.

Variante: Himbeeren in Geist

500 g feste Himbeeren verlesen, möglichst nicht waschen. Stiele und Kelche entfernen und die Früchte in ein vorbereitetes Glas füllen. 450 g Zucker und ⅛ l Wasser unter Rühren aufkochen und klären. Abkühlen lassen und mit ½ l Himbeergeist verrühren. Die Flüssigkeit über die Himbeeren gießen, so daß diese ganz bedeckt sind. Das Glas gut verschließen. Dunkel gestellt aufbewahren.
Die Menge ergibt 1 Glas von 1½ l Inhalt.

Variante: Dörrpflaumen in Cognac

500 g getrocknete Pflaumen (ohne Stein) in eine Schüssel geben, mit ¼ l Weißwein übergießen und bei Zimmertemperatur 1–2 Tage stehen lassen. Dann mit 300 g Zucker, ½ Zimtstange, 2 Nelken und der hauchdünn abgeschälten Schale von ½ Zitrone (Schale unbehandelt) in ein vorbereitetes Glas füllen. So viel Cognac darübergießen, daß die Früchte bedeckt sind (etwa ½ l). Das Glas verschließen und 3–4 Wochen an einen warmen Platz stellen. Den Cognac abgießen, filtern und wieder über die Pflaumen gießen. Gut verschließen. Dunkel gestellt aufbewahren.
Die Menge ergibt 1 Glas von 1½ l Inhalt.

Früchte in weißem Rum

Exoten fühlen sich nicht nur unter ihresgleichen wohl, ganz im Gegenteil, sie harmonieren hervorragend mit unseren heimischen Früchten. Nur auf die Auswahl kommt es an. Außerdem ist bei uns gerade in den Monaten Juli/August ein sehr breites Angebot von preiswerten »Einheimischen« und weniger preiswerten »Exoten« auf dem Markt.
Die folgende Zusammenstellung kann natürlich beliebig variiert werden zugunsten heimischer oder auch exotischer Früchte. Grundlage sind jedenfalls etwa 2500 g bereits geputzte Früchte.

Zutaten für einen Rumtopf von 5 l Inhalt:
1 Ananas (etwa 1 kg)
500 g Aprikosen
300 g Kiwis
200 g Baumtomaten (Tamarillos)
300 g Kirschen
300 g grüne Feigen
300 g Johannisbeeren
3 Orangen
200 g Kumquats
Saft von 3 Limetten
1250 g Zucker
3 Flaschen weißer Rum (je 0,7 l)

Zubereitungszeit: 1 Stunde und 15 Minuten
Zeit zum Durchziehen: über Nacht

Die Ananas schälen, eventuell im Fruchtfleisch verbliebene »Augen« mit einem spitzen Messer herausschneiden. Die Frucht längs halbieren und den holzigen Kern entfernen. Das Fruchtfleisch in Würfel schneiden. Die Aprikosen kurz blanchieren, die Haut abziehen, die Früchte halbieren und entsteinen. Die Kiwis dünn schälen (die beiden etwas holzigen Enden abschneiden) und in Scheiben schneiden. Die Baumtomaten ebenfalls dünn schälen und in Scheiben schneiden. Die Kirschen waschen und trockentupfen; möglichst nicht entkernen, damit sie nicht ihre Form verlieren. Die Feigen ebenfalls dünn schälen und in Scheiben schneiden. Die Johannisbeeren waschen, trockentupfen und von den Stielen streifen. Die Orangen schälen, die weiße Haut möglichst restlos entfernen und die Früchte ebenfalls in Scheiben schneiden. Die Kumquats waschen und halbieren.
Alle vorbereiteten Früchte mit dem Saft der Limetten übergießen und mischen. Den Zucker darüberstreuen und möglichst über Nacht zugedeckt einwirken lassen.
Die Frucht-Zucker-Mischung in ein entsprechendes Gefäß füllen, mit dem Rum übergießen und verschließen (siehe Seite 74).
Wie alle anderen in Alkohol eingelegten Früchte, so sollten auch diese mindestens 4–5 Wochen durchziehen können, bevor man die erste Probe entnimmt.

Mein Tip: Wie beim Rumtopf, sollte man auch hier ein Steingutgefäß verwenden. Wenn Sie ein Glas vorziehen, dann sollte dieses aber unbedingt an einem dunklen Platz aufbewahrt werden, damit die Früchte ihre Farbe behalten.

Variante: Sauerkirschen in Rum

1 kg Sauerkirschen sorgfältig auslesen, waschen, abtropfen lassen, entstielen und entsteinen. 350 g Kandiszucker fein zermahlen oder zerklopfen, mit den Kirschen mischen und in ein vorbereitetes Gefäß füllen. Mit 1 Flasche Rum (0,7 l, 54% Vol.) übergießen. Gut verschließen und einige Wochen kühl und dunkel lagern.
Die Menge ergibt 3–4 Gläser (je ½ l Inhalt).

Früchte in Alkohol

Mit dem Rumtopf hat es so seine eigene Bewandtnis. Selbst Einkochmuffel, die weder Marmelade noch die schönsten Kirschen, und seien sie aus dem eigenen Garten, einkochen, machen beim Rumtopf eine Ausnahme. Das Ergebnis allein ist es sicher nicht, obwohl Rumfrüchte zum Besten gehören, was man überhaupt konservieren kann. Und ausgesprochen preiswert ist das Vorhaben auch nicht. Eher ist es die Spannung über viele Monate hinweg, die so viel Spaß an dieser Luxus-Konserve macht, so daß man Mühe und Kosten nicht scheut. Wahrscheinlich auch der Zeitpunkt der ersten Probe, zu dem es gemeinhin keine frischen Erdbeeren oder Aprikosen gibt, wenn man vom teuren eingeflogenen Obst einmal absieht.
Wer also Früchte in Rum konservieren möchte, beginnt schon im späten Frühjahr. Rumtopf-Saison ist von Mai bis Oktober, zumindest die einheimischen Früchte betreffend. Auch wer den Rumtopf mit Ananas oder Melonen anreichern möchte, der bekommt die Früchte innerhalb dieses Zeitraumes.

Die Früchte: Nehmen Sie die besten Früchte, die es gibt. Von ihrer Qualität hängt alles ab, und deshalb sollte man auch wählerisch sein und sich Zeit lassen. Nur wirklich voll ausgereifte, aber noch genügend feste Früchte halten im Rumtopf ihre Form und erbringen einen optimalen Geschmack.

Der Rum: Er muß von einwandfreier Qualität sein. Denn was helfen die besten Früchte, wenn der Rum nicht stimmt? Zwei Faktoren sind zu berücksichtigen: Der Alkoholgehalt darf nicht zu niedrig sein, weil er sonst keine ausreichende Konservierungskraft besitzt. Mehr als 50% Vol. sind wünschenswert. Aber bitte keinen »Kunstrum« verwenden (diese Sorten haben bis zu 80% Vol. Alkoholgehalt), denn sein penetranter, synthetischer Geschmack würde einen Rumtopf ungenießbar machen.
Also nur echten Rum, wenn möglich sogar den »ganz echten«, ein Destillat aus purem Zuckerrohr, nehmen. Doch diese Sorten sind rar und teuer. Auf alle Fälle soll man aber einen braunen Rum vorziehen, denn er hat ja nicht nur die Funktion der Konservierung zu erfüllen, sondern soll auch zugleich Gewürz sein.
Der Zucker: Er hilft konservieren und hebt den Geschmack. Wenn auch nur ganz reife und süße Früchte in den Rumtopf kommen sollen, auf Zucker kann man nicht verzichten, denn er schafft den aromatischen Ausgleich und »zähmt« den scharfen Alkoholgeschmack.
Das Gefäß: Es sollte ein großer Steinguttopf sein, der sich nach oben nicht zu sehr verjüngen darf, weil es sonst Mühe macht, die Früchte einzuschichten. Der Topf muß mindestens 5 l Fassungsvermögen haben, weil sich das Ansetzen, bedingt durch die vielen Fruchtsorten, sonst nicht lohnen würde. Der Deckel muß gut schließen. Wenn der Topf keinen Deckel hat oder dieser nicht dicht schließt, muß er jeweils mit Pergament zugebunden werden. Ein Glasgefäß dürfen Sie nur im Dunkeln aufbewahren.

Rumtopf

Den Rumtopf mehrmals gut auswaschen und austrocknen. Auch die Früchte müssen gewaschen und anschließend gut abgetrocknet beziehungsweise mit einem sauberen Leinentuch oder Haushaltstuch trockengetupft werden. Es ist außerdem vorteilhaft, wenn man die Früchte zunächst mit der nötigen Zuckermenge mischt und in einer (ebenfalls sauberen) Schüssel zugedeckt über Nacht durchziehen läßt, damit sich der Zucker schon etwas auflösen kann. Im Rumtopf selbst löst sich der Zucker nur schwer auf, und so ist es nötig, nach jeder Schicht die Früchte mit einem sauberen Löffel ganz vorsichtig umzurühren, damit sie nicht zerfallen. Dafür ist übrigens ein Holzlöffel bestens geeignet, doch sollte dieser ausschließlich zu diesem Zweck benützt werden.

Zutaten für einen Rumtopf von 5 l Inhalt:
etwa 2250 g Früchte, über den Sommer verteilt
1250 g Zucker
3 Flaschen echter Rum (je 0,7 l)

Früchte in Alkohol

Welche Früchte Sie verwenden, bleibt natürlich Ihnen selbst überlassen, nicht alle Sorten eignen sich gleich gut für einen Rumtopf. Im Früchtekalender werden nur Früchte genannt, die wirklich ideale Voraussetzungen zum Konservieren mit Rum besitzen.
Die erste Fruchtsorte – das sind in der Regel die Erdbeeren – im Verhältnis 1 : 1 mit Zucker vermischen, in den Topf füllen und mit so viel Rum begießen, daß er etwa fingerbreit über den Früchten steht. Damit keine Früchte an der Oberfläche schwimmen können, sollte man einen passenden Teller darauflegen, der sie auf den Boden drückt und somit eine Gärung von vornherein verhütet. Den Rumtopf nun zugedeckt in einem kühlen Raum (höchstens 15–18 °C) aufbewahren, bis die nächste Fruchtfüllung darankommt. Man verfährt dann so wie bei der ersten Füllung, doch werden die Früchte von nun an mit der halben Menge Zucker vermischt eingefüllt. Das gilt für sämtliche weiteren Einlagen.
Einmal in der Woche die Früchte mit dem »Rumtopflöffel« umrühren. Unbedingt aber der Versuchung widerstehen: keinesfalls mit den Fingern eine Probe entnehmen! Dadurch könnten Bakterien hineingelangen und den Rumtopf zur Gärung bringen. Sollte es dennoch einmal passieren, daß der Topfinhalt zu gären beginnt, dann kann man diesen Prozeß durch Zugabe von hochprozentigem reinem Alkohol (96% Vol.) unterbrechen.

Früchtekalender

Erdbeeren: Sich nicht schon vom ersten Angebot im Mai verführen lassen, sondern auf vollreife Früchte (möglichst selbst auf der Plantage gepflückt) im Juni warten. Die Stiele entfernen, die Früchte waschen und trockentupfen. Große Beeren halbieren.
Stachelbeeren: Nur vollreife Früchte aussuchen. Die Kelch- und Stielansätze abschneiden. Die Beeren waschen und trockentupfen.
Aprikosen: Sie sind ideale Rumtopffrüchte, weil sie nicht nur gut schmecken, sondern auch ihre Form behalten. Im heißen Wasser blanchieren, die Haut abziehen, die Früchte halbieren und den Stein entfernen.
Himbeeren: Sie sollen zwar reif, aber noch fest sein, weil sie im Rumtopf sehr leicht »matschig« werden. Gründlich abspülen und trockentupfen.
Süßkirschen: Sowohl die Knorpelkirschen als auch die süßen schwarzen Kirschen eignen sich gleich gut. Die Stiele entfernen. Die Früchte waschen und trockentupfen. Möglichst nicht entkernen, weil sie sonst vollkommen ihre Form verlieren.
Johannisbeeren: Nur die roten Beeren passen geschmacklich in den Rumtopf. Von den Stielen streifen, waschen und gut trokkentupfen.
Pfirsiche und Nektarinen: Sie sind auch ideale Rumtopffrüchte, jedoch feste, wasserarme Sorten wählen. Wie die Aprikosen abziehen und entsteinen. In Viertel oder Achtel schneiden.
Melonen: Für den Rumtopf taugen nur beste Honigmelonen mit festem Fruchtfleisch. Schälen, die Kerne entfernen und das Fruchtfleisch in Würfel schneiden.
Mirabellen und Reineclauden: Nur feste Früchte verwenden, abwaschen und trockentupfen. Die Früchte, wenn man sie ganz verwenden will, mit einer Nadel mehrmals einstechen, damit die Alkohollösung eindringen kann.
Zwetschgen: Ebenfalls waschen, trockentupfen, halbieren und entsteinen.
Birnen und Äpfel: Nur feste, kernige Sorten verwenden. Die Früchte schälen, entkernen und dann in dicke Schnitze schneiden. Mit etwas Zitronensaft beträufeln, damit sie sich nicht verfärben.
Ananas: Eine ideale Exotenfrucht, die auch in unserem Rumtopf nicht fehlen sollte. Großzügig schälen, die verbliebenen »Augen« mit einem spitzen Messer herausstechen und den holzigen Strunk entfernen. Das Fruchtfleisch in Würfel schneiden.

Würzessig und -öl

Guter Essig und gutes Öl sind das Geheimnis aller feinen Salate. Mit Kräutern und Gewürzen können Sie sich Ihr eigenes Geheimrezept mischen. Die einfachste und sicherste Methode, Würzessig selbst herzustellen: feiner Weinessig wird mit den Kräutern und Gewürzen angesetzt und diese werden vom Essig ausgelaugt. Derart gewürzter Essig bringt neben seiner Säure noch das Aroma der Kräuter und Gewürze oder der Früchte (mit Himbeeren läßt sich Essig vortrefflich aromatisieren) mit.

Estragonessig

Im Bild links

Zutaten:

Estragonzweige
einige Pfefferkörner
¾ l Weinessig

Zubereitungszeit: 10 Minuten

Die Estragonzweige unter fließendem Wasser gründlich abspülen und abtrocknen lassen beziehungsweise trockentupfen. Sie müssen vollständig trocken sein, bevor man sie in eine entsprechende große, gut heiß ausgespülte Flasche gibt. Die Pfefferkörner zufügen und die Flasche bis zum Rand mit Essig auffüllen. Mindestens 3 Wochen durchziehen lassen, bevor man anfängt, den Essig zu verwenden.

Gewürzte Öle entfalten sich vor allem, wenn man sie zum Grillen oder Braten von Fisch und Fleisch verwendet. Frische Kräuter sollten zunächst etwas angetrocknet werden, bevor man sie in die Flaschen steckt, weil sonst das Öl durch zuviel Feuchtigkeit leicht trüb wird. Natürlich darf nur bestes Öl verwendet werden. Olivenöl eignet sich besonders gut für alle kräftig schmeckenden Kräuter wie Rosmarin, Thymian, Basilikum und so weiter. Wer ein neutraler schmeckendes Öl bevorzugt, kann die Kräuter und Gewürze mit einem guten Pflanzenöl ansetzen.

Rosmarinöl

Im Bild hinten

Zutaten:

2 kleinere Zweige Rosmarin
¾ l Sonnenblumenöl

Zubereitungszeit: 5 Minuten

Die Rosmarinzweige 2–3 Tage zum Trocknen aufhängen. Die trockenen Zweige in eine vorbereitete Flasche geben und das Öl darübergießen. Die Flasche gut verschließen und kühl stellen. Das Würzöl nach 2–3 Wochen filtern, wieder in Flaschen füllen und kühl stellen.

Lorbeeröl

Im Bild rechts

Zutaten:

5 getrocknete Lorbeerblätter
½ Teel. weiße Pfefferkörner
¾ l Olivenöl

Zubereitungszeit: 5 Minuten

Lorbeerblätter und Pfefferkörner in eine vorbereitete Flasche geben, mit dem Öl übergießen, gut verschließen und kühl stellen.

Kräuter in Öl

Im Bild in der Mitte

Hierbei sind die Kräuter zum Würzen, zum Beispiel von Fleisch und Fisch, wichtiger als das Öl.

Zutaten:

5–6 Eßl. gehackte, frische Kräuter (Petersilie, Schnittlauch, Borretsch, Rosmarin, Zitronenmelisse, Pimpinelle, Liebstöckel, Estragon)
¼ l Olivenöl oder Pflanzenöl

Zubereitungszeit: 30 Minuten

Die Kräuter waschen, auf Küchenkrepp sehr gut abtropfen lassen und hacken. In ein vorbereitetes Glas füllen und mit dem Öl aufgießen. Gut verschließen und kühl stellen.

Getrocknete Kräuter und Pilze

Kräuter

Trocknen ist sicherlich die älteste Konservierungsmethode, und es ist für verschiedene Lebensmittel immer noch die beste, zum Beispiel für Kräuter. Aber nicht für alle, denn manche Sorten verlieren viel von ihrem Aroma. Diese sollten, wenn man sie außerhalb der Saison verwenden möchte, besser tiefgefroren werden; so etwa Petersilie, Zitronenmelisse, Schnittlauch, Dill oder Liebstökkel. Für andere Kräutersorten ist das Trocknen dagegen die beste Konservierungsmethode, weil sie kaum an Aroma verlieren, ja manchmal sogar in getrocknetem Zustand kräftiger schmecken. Paradebeispiel dafür ist die Pfefferminze. Sie ist getrocknet weit schärfer als frisch. Sehr gut trocknen lassen sich auch Thymian, Rosmarin, Bohnenkraut, Majoran, Oregano und natürlich Salbei. Basilikum und Estragon hingegen verlieren stark an Qualität.
Der richtige Zeitpunkt für die Kräuterernte ist meist unmittelbar vor der Blüte. Oregano ist die berühmte Ausnahme von der Regel: Er bringt voll erblüht seinen besten Geschmack.
Die Kräuter (natürlich nach Sorten getrennt) in kleinen Bündeln an einem schattigen, aber luftigen und trockenen Platz aufhängen. Nach 2–3 Wochen sind sie durchgetrocknet. Man streift die Blätter von den Stielen, füllt sie in Behälter (Glas oder Keramik) und bewahrt sie gut verschlossen und lichtgeschützt auf.

Pilze

Wenn man Pilze trocknen will, muß man sich darüber im klaren sein, daß man sie nicht als Gemüse (im Gegensatz zu manchen chinesischen Sorten) zubereiten kann, weil sie zu streng im Geschmack werden. Desto besser sind sie aber zum Würzen geeignet. Trocknet man die Pilze nach Sorten getrennt, so kann man ihren jeweils typischen Geschmack am besten nutzen.
Nicht alle Pilzarten taugen zum Trocknen, so zum Beispiel Pfifferlinge oder Boviste und überhaupt alle Pilze, die witterungsbedingt viel Wasser in sich aufgenommen haben. Sie sollten also Pilze nur dörren, wenn es einwandfreie und trockene Exemplare sind. Sie werden sauber geputzt und in möglichst dünne Scheiben geschnitten. Eine Aufschnittmaschine kann dabei eine große Hilfe sein.
An der frischen Luft zu trocknen, ist natürlich am einfachsten. Die Pilzscheiben werden auf Roste gelegt und an einen schattigen, aber luftigen Platz gestellt. Eine feuchte Wetterperiode kann allerdings das Ergebnis in Frage stellen. Zuverlässiger ist deshalb die Backrohr-Methode oder noch besser das Trocknen im Umluftherd.
Die geschnittenen Pilze zunächst bei etwa 50 °C (auch bei Umluft) auf dem Bratrost einschieben und bei leicht geöffneter Tür (einen Kochlöffel einklemmen) etwa 8 Stunden trocknen lassen. Die Temperatur kann dann leicht erhöht werden, beziehungsweise kann man auch den Trocknungsprozeß unterbrechen. Genaue Zeitangaben sind leider nicht möglich. Man muß mit dem Finger prüfen, ob die Pilzscheiben trocken genug sind. Sie sollen nicht total durchgetrocknet sein, sondern man muß noch einen Rest von Elastizität spüren.
Aus Trockenpilzen kann man im Mixgerät auch Pilzpulver herstellen. Es läßt sich leichter dosieren, und man kann dann wirklich mit der Messerspitze würzen.
Die besten Pilze zum Trocknen und Würzen sind natürlich Steinpilze, dann Champignons, Egerlinge, Täublinge, Stockschwämmchen, Herbsttrompete und Maronen. Achten Sie aber bei allen Sorten unbedingt immer auf beste, trockene Qualität!

Eingelegte Pilze

Zum Einkochen oder Einlegen eignen sich junge, gesunde Pilze mit festem Fleisch am besten – und frisch sollen sie sein. Aber wie generell bei der Verarbeitung von Pilzen in der Küche ist es auch hier wichtig, daß man nur Sorten verwendet, die man auch wirklich ganz eindeutig identifizieren kann; oder man läßt sie von Fachleuten der Pilzberatungsstellen untersuchen. Alle Pilze, besonders die mit unebener Oberfläche (Morcheln), sorgfältig reinigen. Man läßt sie am besten einige Minuten in kaltem Wasser liegen, spült sie danach gründlich und trocknet sie ab. Von Champignons sollte die Huthaut abgezogen werden. Große Pilze werden in Scheiben geschnitten, kleine halbiert oder ganz verwendet.

Champignons und Pfifferlinge, scharf gewürzt

Im Bild vorne und links

Zutaten für 4–5 Gläser (je ½ l Inhalt):

700 g Champignons (Egerlinge)
250 g Pfifferlinge
150 g Staudensellerie
1 rote Paprikaschote
100 g Möhren · 80 g Schalotten
2 Knoblauchzehen

Für die Marinade:

½ l feiner Weißweinessig
⅜ l Wasser
1 gestrichener Teel. Salz
40 g Zucker
20 g frischer Ingwer
1 Teel. Senfkörner
2–3 frische Chilischoten
2 getrocknete Lorbeerblätter
je 1 kleiner Zweig Thymian, Rosmarin und Petersilie

Zubereitungszeit: etwa 2 Stunden
Einkochzeit eventuell: 20 Minuten

Die Champignons sehr sorgfältig putzen, desgleichen die Pfifferlinge. Den Staudensellerie in Stifte schneiden, die Paprikaschote rösten (siehe Seite 64), schälen, von Kernen und weißen Rippen befreien, dann in Stücke schneiden. Die Möhren putzen und mit dem Buntmesser in Scheiben schneiden. Die Schalotten schälen und halbieren. Die Knoblauchzehen schälen und feinhacken.
Für die Marinade den Essig mit dem Wasser, dem Salz, dem Zukker, dem in Scheiben geschnittenen Ingwer und den Senfkörnern einmal aufkochen. Dann erst die Chilischoten, die Lorbeerblätter, die geputzten Pilze und das Gemüse zugeben und alles 6–8 Minuten bei schwacher Hitze sanft kochen lassen. Den Topf von der Kochstelle nehmen. Die Kräuter dazugeben und die Mischung etwa 30 Minuten ziehen lassen. Die Flüssigkeit abseihen, die Pilze mit dem Gemüse in vorbereitete Gläser füllen. Den Sud nochmals aufkochen, darübergießen und die Gläser verschließen.

Die gewürzten Pilze sollten mindestens 3 Wochen an kühlem Platz aufbewahrt werden, bevor man sie probiert. Sie halten sich durchaus ein halbes Jahr. Für längere Lagerung sollte man sie in Einkochgläser füllen und bei 100 °C etwa 20 Minuten einkochen.

Champignons in Öl

Im Bild hinten

Zutaten für 2 Gläser (je 1 l Inhalt):

1 kg Champignons (Egerlinge)
½ l Weißweinessig
1 Teel. Salz · 4 Lorbeerblätter
4 Nelken
1 Eßl. weiße Pfefferkörner
¾ l Olivenöl

Zubereitungszeit: 1 Stunde

Die Champignons sehr sorgfältig putzen und in einen Kochtopf füllen. Den Essig dazugießen und das Salz darüberstreuen. Etwa 10 Minuten kochen, bis die Pilze weich zu werden beginnen. Die Champignons gut abtropfen lassen und mit den Lorbeerblättern, den Nelken sowie den Pfefferkörnern in vorbereitete Gläser schichten. Das Olivenöl darübergießen und darauf achten, daß die Pilze ganz vom Öl bedeckt sind. Die Gläser verschließen und an einem kühlen Platz aufbewahren. Die Pilze halten sich bis zu einem halben Jahr.

Ob Ketchup, Relish oder Chutney, diese pikanten Beigaben zu Fleisch oder Fisch kommen alle aus dem Angelsächsischen. Wenn die englische Küche auch nicht gerade als eine der besten gilt, in der Zubereitung von Marmeladen, Jams und besonders von würzigen Saucen sind die Engländer Meister. Als Universalsauce für Pommes frites und Hamburger ist das Tomatenketchup in Mißkredit geraten. Es kann aber sehr fein schmecken (wie das nachfolgende Rezept beweist), und richtig eingesetzt, ist es durchaus eine Bereicherung des Speisezettels.

Paprikaketchup

Zutaten für 8–10 Flaschen (je ½ l Inhalt):
8 rote Paprikaschoten
6 grüne Paprikaschoten
4 kg Tomaten
8 Zwiebeln
400 g Knollensellerie
4 Eßl. frischer, geriebener Meerrettich
½ l Essig · 5 Eßl. Salz
8 Eßl. brauner Zucker
4 Teel. schwarzer Pfeffer
4 Eßl. edelsüßes Paprikapulver
1 Teel. Cayennepfeffer

Zubereitungszeit: 2 Stunden und 10–20 Minuten

Die Paprikaschoten waschen, abtrocknen und halbieren. Alle Kerne und weißen Rippen entfernen, die Schoten in kleine Würfel schneiden. Die Tomaten waschen, abtrocknen und achteln. Die Zwiebeln und den Sellerie schälen und würfeln. Alles Gemüse mit dem Meerrettich, dem Essig und den Gewürzen mischen und in einem entsprechend großen Topf 45 Minuten kochen lassen. Die Mischung durch ein Sieb streichen, wieder in den Topf geben und weitere 20–30 Minuten kochen lassen. Das Ketchup abschmecken, heiß in vorbereitete Flaschen füllen und verschließen.

Variante: Tomatenketchup

3 kg Tomaten sorgfältig waschen, weil sie mit der Haut verwendet werden, vom Stielansatz befreien und in grobe Würfel schneiden. Die Würfel in einem entsprechend großen Topf zum Kochen bringen und unter Rühren etwa 5 Minuten sprudelnd kochen lassen. 80 g Schalotten und 2 Knoblauchzehen schälen, grob zerschneiden und zu den Tomaten geben. Weitere 5 Minuten kochen lassen. Dann erst 4 Lorbeerblätter, 1 Teelöffel Ingwerpulver, 2 Teelöffel Pimentkörner, grob zerstoßen, 1 Eßlöffel Senfkörner, 1 Teelöffel weiße Pfefferkörner, je 2 gestrichene Eßlöffel Salz und Zucker und ½ l besten Weinessig zusetzen und alles weitere 10 Minuten sprudelnd kochen lassen. Den offenen Topf bei 160 °C in den vorgeheizten Backofen stellen und weiter eindämpfen, bis die Sauce so weit reduziert ist, daß sie eine sämige Konsistenz hat.
Die abgekühlte Sauce durch ein feines Sieb passieren, nochmals kurz aufkochen und in vorbereitete Gläser oder Flaschen abfüllen. Mit Cellophan oder Twist-off-Deckeln verschließen und kühl lagern. Das Ketchup kann natürlich auch in den entsprechenden Gläsern bei 80 °C 30 Minuten eingekocht werden, um eine längere Haltbarkeit zu garantieren.
Die Menge ergibt 7–8 Gläser (je ¼ l Inhalt).

Piccalilli

Im Bild vorne

Typisch für Piccalilli ist, daß alles Gemüse zusammen in der Sauce gekocht wird. Durch Variieren der Zutatenmengen für die Sauce kann man das Piccalilli je nach Geschmack mild oder scharf zubereiten. Auch die Gemüsemischung kann nach Belieben zusammengestellt werden, je nachdem, welche Sorten gerade erhältlich sind.

Zutaten für etwa 4 Gläser (je 1 l Inhalt):
3 kg gemischtes Gemüse, vorbereitet gewogen, zum Beispiel Blumenkohl, Staudensellerie, Zucchini, Paprikaschoten, Perlzwiebeln, Möhren, Knollensellerie, Porree, Mais
500 g grobes Salz
Für die Sauce:
1 Eßl. Kurkuma
4 Teel. Senfpulver
5 Teel. Ingwerpulver
½ Teel. Chilipulver
250 g Zucker
1 l milder Weinessig
¾ l Weißwein
15 g Speisestärke

Zubereitungszeit: 2 Stunden bis 2 Stunden und 10 Minuten
Zeit zum Durchziehen: über Nacht

Alles Gemüse putzen, waschen und in mundgerechte Stücke schneiden. Die Stücke lagenweise mit dem Salz in eine große Schüssel schichten, mit einer Platte beschweren und über Nacht ziehen lassen.
Am nächsten Tag die Gemüsestücke in klarem Wasser gründlich abwaschen und sorgfältig abtropfen lassen.
Für die Sauce das Kurkuma-, Senf-, Ingwer- und Chilipulver sowie den Zucker in einen säurefesten Kochtopf geben. Den Essig (bis auf 4 Eßlöffel) und den Weißwein unter Rühren dazugießen, damit sich das Pulver auflöst. Die Sauce aufkochen lassen. Das gut abgetropfte Gemüse hineingeben, alles wieder zum Kochen bringen und unter gelegentlichem Rühren 15–20 Minuten simmern lassen. Das Gemüse darf nicht zu weich werden. Den Topf von der Kochstelle nehmen und das Gemüse mit einem Schaumlöffel in vorbereitete Gläser füllen. Die Speisestärke mit dem zurückbehaltenen Essig anrühren und mit dem Schneebesen in die Sauce rühren. Wieder zum Kochen bringen und unter ständigem Rühren 3 Minuten kochen, bis die Flüssigkeit beginnt dick zu werden. Die Sauce zum Gemüse in die Gläser füllen und darauf achten, daß das Gemüse ganz bedeckt ist. Die Gläser sofort verschließen und bis zum Gebrauch 4–6 Wochen stehen lassen.

Mixed Pickles

Im Bild hinten

Auch für Mixed Pickles verwendet man eine Mischung aus möglichst vielen verschiedenen Gemüsesorten, die aber, im Gegensatz zu Piccalilli, gesondert gekocht werden.

Zutaten für etwa 3 Gläser (je 1 l Inhalt):
1 750 g Gemüse, vorbereitet gewogen, zum Beispiel grüne Bohnen, Paprikaschoten, Blumenkohl, Rosenkohl, Möhren, Porree, Chilischoten, Perlzwiebeln, Maiskölbchen, kleine Einlegegurken
Salz
1 l Weißweinessig
2 Eßl. Zucker
1 Teel. Pfefferkörner oder Nelken

Zubereitungszeit: 1 Stunde und 30–40 Minuten

Das Gemüse putzen, waschen und in mundgerechte Stücke schneiden. Jedes Gemüse gesondert in Salzwasser garen, dabei darauf achten, daß die Stücke nicht zu weich werden. Das Gemüse in vorbereitete Gläser füllen. Den Weinessig mit dem Zukker und den Pfefferkörnern oder den Nelken aufkochen und durch ein Sieb über das Gemüse gießen; abkühlen lassen. Dann die Gläser verschließen.

Tomatenrelish

Im Bild vorne

Zutaten für 7–8 Gläser
(je ½ l Inhalt):
900 g grüne Tomaten
900 g rote Tomaten
500 g Weißkohl
1 kleine Staude Sellerie
230 g Zwiebeln
2 grüne Paprikaschoten
2 grüne Pfefferschoten
2 süße rote Pfefferschoten
4 gestrichene Eßl. Salz
1 l Weißweinessig
375 g brauner Zucker
1 Teel. Senfkörner
½ Zimtstange
1 Teel. Nelken

Zubereitungszeit: etwa 2 Stunden und 20 Minuten
Zeit zum Durchziehen: über Nacht

Die Tomaten einritzen, kurz in kochendes Wasser tauchen, dann enthäuten. Den Weißkohl und den Staudensellerie putzen, die Zwiebeln schälen. Die Paprika- und die Pfefferschoten waschen, abtrocknen und halbieren; Kerne und weiße Rippen entfernen. Alles Gemüse sehr fein hacken, mit dem Salz mischen und zugedeckt über Nacht stehen lassen.
Am nächsten Tag den Essig und den Zucker unter die Gemüsemischung rühren. Die Gewürze in ein Mulltuch binden und dazugeben. Mit nicht ganz geschlossenem Deckel bei mäßiger Hitze 90 Minuten kochen, dabei von Zeit zu Zeit umrühren. Die Gewürze entfernen. Die Hälfte des Relish durch ein Sieb streichen und wieder unterrühren. Das Tomatenrelish heiß in vorbereitete Gläser füllen und verschließen.

Süßes Cranberry-Orangen-Chutney

Im Bild hinten

Besonders bei den Chutneys ist der indische Einfluß auf die englischen Eßgewohnheiten unverkennbar. Die Palette reicht von süßen (die fast schon marmeladenähnlich sind) bis zu pikantscharfen Variationen.

Zutaten für etwa 3 Gläser
(je ¼ l Inhalt):
500 g Cranberries
(amerikanische Preiselbeeren)
2 mittelgroße Orangen
300 g Zucker
3 Eßl. Weinessig

Zubereitungszeit: 1 Stunde und 10 Minuten

Die Beeren waschen und gut abtropfen lassen. Die Orangen mit einem scharfen Messer so schälen, daß auch die weiße Haut restlos abgeschnitten wird. Die Filets zwischen den Häuten heraustrennen und eventuelle Kerne entfernen. Die Beeren und das Orangenfruchtfleisch durch die grobe Scheibe des Fleischwolfs drehen und mit dem Zucker und dem Essig verrühren. Das Mus bei schwacher Hitze 30 Minuten kochen lassen; gelegentlich umrühren. Heiß in vorbereitete Gläser füllen und verschließen.

Variante: Mangochutney

Etwa 1500 g Mangos schälen, das Fruchtfleisch vom Stein lösen und in Streifen schneiden. Das Fruchtfleisch abwiegen, es werden 900 g gebraucht. Die Streifen mit 120 g Rosinen in ½ l Essig 10–15 Minuten kochen lassen. 3 Knoblauchzehen schälen und feinhacken. 1 Chilischote waschen, abtrocknen, halbieren, Kerne und weiße Teile entfernen und die Schote ebenfalls hacken. In ½ l Essig den gehackten Knoblauch und die Chilischote mit 2 gehäuften Eßlöffeln Salz, 3 Eßlöffeln Senfpulver, 1 Eßlöffel gemahlenem Koriander 5 Minuten kochen lassen. 3 gehäufte Eßlöffel gehackte Zwiebeln dazugeben, mit dem Mangomus mischen und nochmals kurz aufkochen lassen. Das Chutney in vorbereitete Gläser füllen und verschließen.
Die Menge ergibt 10–12 Gläser (je ¼ l Inhalt).

Süß-saures Bohnenrelish

Im Bild vorne

Zutaten für 10–12 Gläser (je ¼ l Inhalt):
1 kg grüne Bohnen
Salz
700 g Zwiebeln
0,7 l Weinessig
1 gehäufter Eßl. Speisestärke
1 kg brauner Zucker
1 gehäufter Eßl. Senf
1 Eßl. Kurkuma

Zubereitungszeit: 60–70 Minuten

Die Bohnen putzen, waschen, in Stücke schneiden und in Salzwasser etwa 25 Minuten kochen lassen. Sie sollen nicht zu weich werden. Die Zwiebeln schälen, feinhacken und in ¼ l Essig kochen, bis sie glasig sind. Die Speisestärke mit dem restlichen Essig glattrühren und mit dem Zucker, dem Senf und dem Kurkumapulver unter Rühren aufkochen. Knapp zugedeckt etwa 10 Minuten leicht kochen lassen. Die Bohnen und Zwiebeln mit der Kochflüssigkeit dazugeben, alles nochmals 15 Minuten kochen lassen. Das Relish heiß in vorbereitete Gläser füllen und verschließen.

Maisrelish

Im Bild links

Zutaten für etwa 6 Gläser (je ½ l Inhalt):
9 große Maiskolben
1 grüne Paprikaschote
½ rote Paprikaschote
2 große Zwiebeln
2 Eßl. gehackter Staudensellerie
300 g brauner Zucker
30 g Salz
2 Eßl. Senfpulver
1 l Apfelessig

Zubereitungszeit: 50 Minuten
Einkochzeit: 15 Minuten

Die Körner von den Maiskolben ablösen. Die Paprikaschoten waschen, abtrocknen, von Kernen und weißen Rippen befreien und feinhacken. Die Zwiebeln schälen und ebenfalls feinhacken. Alles Gemüse mit den übrigen Zutaten mischen und bei schwacher Hitze etwa 20 Minuten garen, bis das Gemüse weich ist. Das Relish in vorbereitete Gläser füllen und vorschriftsmäßig verschließen. Im Wasserbad bei 80 °C Wassertemperatur 15 Minuten einkochen.

Variante: Pfirsichrelish

Etwa 1 500 g Pfirsiche kurz mit kochendem Wasser überbrühen, häuten, halbieren, entsteinen und in Stücke schneiden. Das Fruchtfleisch abwiegen, Sie brauchen 1 kg. 300 g Zwiebeln schälen und grobwürfeln. 230 g Rosinen grobhacken. Etwa 700 g Äpfel schälen, vierteln, vom Kerngehäuse befreien und in Scheiben schneiden. Das Fruchtfleisch ebenfalls abwiegen, es muß 500 g ergeben. 75 g frische Ingwerwurzel schälen und hacken. 2 kleine Knoblauchzehen schälen und mit wenig Salz zerdrücken. Die Pfirsichstücke, Zwiebelwürfel, Rosinen, Apfelscheiben, den gehackten Ingwer und den zerdrückten Knoblauch mit 2 Teelöffeln Salz und der abgeriebenen Schale sowie dem Saft von ½ Zitrone (Schale unbehandelt) mischen. Alles in einen Steinguttopf füllen. ¾ l Weinessig mit 190 g braunem Zucker, 3 getrockneten Chilischoten und 2 Nelken (in einem Mullbeutel) 3–4 Minuten kochen lassen, dann über die Fruchtmischung gießen. Zugedeckt 12 Stunden durchziehen lassen.
Die Mischung in einen weiten Topf füllen und bei schwacher Hitze 2–3 Stunden kochen lassen, bis das Relish dicklich ist. Nach 1 Stunde den Mullbeutel mit den Nelken herausnehmen. Das Relish abschmecken, in vorbereitete Gläser füllen und verschließen.
Die Menge ergibt etwa 3 Gläser (je ½ l Inhalt).

Gewürz

Cranberrysauce

Im Bild vorne und links

Cranberries, diese amerikanischen Verwandten unserer Preiselbeeren, sind noch etwas kräftiger im Geschmack. Sie werden bei uns im Spätherbst in bester Qualität angeboten.

Zutaten für 4–5 Gläser (je ¼ l Inhalt):
1 kg Cranberries, ersatzweise Preiselbeeren
400 g brauner Zucker
Saft von 1 Zitrone
⅛ l kräftiger Rotwein
Schale und Saft von 2 Orangen (Schale unbehandelt)
½ Teel. gemahlener Zimt
1 Teel. Senfpulver
½ Teel. Ingwerpulver

Zubereitungszeit: etwa 1 Stunde
Einkochzeit eventuell: 30 Minuten

Die Beeren sorgfältig verlesen (damit keine angefaulten das Ergebnis in Frage stellen können), in einem Durchschlag abspülen und abtropfen lassen. Die Früchte mit dem Zucker und dem Zitronensaft in einem entsprechend großen Topf (Emaille oder Edelstahl) unter Rühren etwa 15 Minuten kochen. Dann den Rotwein unterrühren. Die Orangen unter heißem Wasser abbürsten und die Schale abreiben. Den Saft auspressen und mit der Orangenschale sowie den übrigen Gewürzen zu den Beeren geben. Weitere 10 Minuten kochen lassen. Die Mischung in vorbereitete Gläser füllen und mit Cellophan verschließen. Wegen des relativ geringen Zuckergehalts ist die Sauce nur begrenzt haltbar, etwa 4–5 Wochen im Kühlschrank. Sie kann aber im Einkochtopf bei 80 °C 30 Minuten sterilisiert werden.

Klassische Cumberland-Sauce

Im Bild hinten

Sie ist die ideale Beigabe zu Wildgerichten, aber nach der folgenden Zubereitungsmethode nur sehr begrenzt haltbar. Man kann die Sauce aber auch in kleine Einkochgläser (je ¼ l Inhalt) füllen und bei 80 °C 30 Minuten einkochen.

Zutaten für etwa 2 Gläser (je ¼ l Inhalt):
60 g Schalotten
Schale von 1 Zitrone (Schale unbehandelt)
Schale und Saft von 1 Orange (Schale unbehandelt)
⅛ l kräftiger, trockener Rotwein
½ Teel. Ingwerpulver
2 Teel. Senfpulver
1 Messerspitze Zimtpulver
½ Teel. Salz
1 Messerspitze Cayennepfeffer
3 cl alter Portwein
300 g Johannisbeergelee

Zubereitungszeit: 30 Minuten

Die Schalotten schälen und feinhacken. Die Zitrone und die Orange unter heißem Wasser gründlich abbürsten. Mit einem scharfen Messer die Schalen hauchdünn abschälen und in 1 mm breite Streifen schneiden. Die Orange auspressen. Die Schalotten mit dem Rotwein zum Kochen bringen und 4 Minuten kochen lassen. Die Schalenstreifen zugeben, den Topf vom Herd nehmen und die Mischung noch 1 Minute durchziehen lassen; dann in einem Kunststoffsieb abgießen. Das Ingwer-, das Senf- und das Zimtpulver mit dem Salz und dem Cayennepfeffer mischen. Nach und nach den Portwein und so viel Orangensaft unterrühren, daß ein dünnflüssiger Brei entsteht. Diesen mit dem Schneebesen unter das Johannisbeergelee rühren. Dann die Schalotten und die Schalenstreifen untermischen. Die Sauce in vorbereitete Gläser mit Twist-off-Deckeln füllen und gut verschlossen im Kühlschrank aufbewahren.
Die Sauce vor dem Servieren bei Zimmertemperatur erwärmen lassen, damit sie ihr Aroma besser entfaltet.

Alphabetisches Rezeptregister

Alphabetisches Rezeptregister

Christian Teubner
ist seit vielen Jahren vielbeschäftigter gastronomischer Fotograf. In seinem Studio für Lebensmittelfotografie entstehen Meisterwerke kulinarischer Aufnahmen, und aus seiner Probeküche kommen verlockende Kreationen von neuen Rezepten. Christian Teubners Arbeiten sind in ganz Europa ein Begriff, denn wo es um Küche und Keller geht – ob Buch, Plakat, Film oder Zeitschrift – erkennt man seine »Handschrift«.

CIP-Kurztitelaufnahme der Deutschen Bibliothek

Teubner, Christian:

Einmachen: d. neue Bildkochbuch – jedes Rezept mit Farbfoto / Christian Teubner. – München: Gräfe und Unzer, 1984.

ISBN 3-7742-5218-1

1. Auflage 1984

Farbfotos: Christian Teubner
Redaktion: Antje Schunka
Einbandgestaltung: Heinz Kraxenberger
Satz und Druck: Georg Appl
Reproduktion: Brend'amour, Simhart & Co.
Bindung: Großbuchbinderei Monheim

ISBN 3-7742-5218-1

Farbfotos auf dem Einband:
Vorderseite: Aprikosen mit Mandeln (Rezept Seite 14) und Rhabarber-Erdbeer-Konfitüre (Rezept Seite 32).
Rückseite: oben, von links nach rechts: Kompott von roten Johannisbeeren, Kompott von weißen Johannisbeeren und Stachelbeerkompott (Rezepte Seite 10), Brombeergelee, Apfelgelee und Pfefferminzgelee (Rezepte Seite 56), Eingekochte Süßkirschen und Süß-saures Kirschkompott (Rezepte Seite 16).
Unten, von links nach rechts: Senfgurken und Feine Essiggurken (Rezepte Seite 62), Pizza-Tomaten und Gewürzte Tomaten in Flaschen (Rezepte Seite 28), Estragonessig, Rosmarinöl, Lorbeeröl und Kräuter in Öl (Rezepte Seite 78).